D1923780

Schirner Verlag

Silvia Maria Engl

Einsam war gestern

Impulse für deine Rückkehr in die Gemeinsamkeit

Schirner Verlag

Dieses Buch enthält Verweise zu Webseiten, auf deren Inhalte der Verlag keinen Einfluss hat. Für diese Inhalte wird seitens des Verlags keine Gewähr übernommen. Für die Inhalte der verlinkten Seiten ist stets der jeweilige Anbieter oder Betreiber der Seiten verantwortlich.

ISBN 978-3-8434-5130-7

Silvia Maria Engl:
Einsam war gestern
Impulse für deine Rückkehr
in die Gemeinsamkeit

Umschlag: Murat Karaçay, Schirner,
unter Verwendung von # 185174732
(Africa Studio), www.shutterstock.com
Layout: Simone Fleck, Schirner
Lektorat: Heike Wietelmann &
Karin Garthaus, Schirner
Printed by: Ren Medien GmbH,
Germany

www.schirner.com

1. Auflage November 2015

Inhalt

Willst du weiter
allein sein?

Oder willst
du endlich
all-eins-sein?

Vorwort

»Was will die schon über Einsamkeit schreiben? Die hat doch keine Ahnung, wie das ist!«

Das könnte ein Gedanke oder eine Bemerkung sein von Menschen, die mich persönlich kennen. Viele wundern sich sicherlich, was mich zu einer glaubwürdigen Autorin eines solchen Buches machen sollte. Und ganz ehrlich: Lange Zeit hätte ich das selbst gedacht. In der Schule war ich überwiegend beliebt und erfolgreich (zumindest habe ich das selbst so gesehen). In meiner Teenagerzeit beschwerte sich meine Mutter immer wieder, dass das Telefon kaum stillstand. Auf Partys war ich sehr oft eingeladen, und überall kannte ich eine Menge Leute. Ich meine: wirklich eine Menge! Als ich nach England zog, fand ich sofort Anschluss und fühlte mich dort im Nu wie zu Hause. Auch nach meinem Referendariat schien alles super zu klappen. Neuer Arbeitsplatz, neue Stadt – und irgendwie kamen gleich wieder alle auf mich zu. Allein war ich nur, wenn ich es wollte. Einsamkeit? War mir ein Fremdwort, mir, der sozial Vollintegrierten.

Was aber passiert, wenn Masken zu fallen beginnen? Was, wenn man sich eines Tages mit einem Meer an gefühlter Einsamkeit konfrontiert sieht und keine Ahnung hat, wie man das aushalten soll? Was, wenn man merkt, dass die Person, von der man immer glaubte, sie zu sein, gar nicht die ist, für die man sie immer gehalten hat? Dass ich also gar nicht die bin, für die ich mich immer gehalten habe?

Und was, wenn man eines Tages aufwacht und merkt, dass all die vielen, vielen, vielen Freunde und Bekannten, die Tätigkeiten, Jobs, das Herumwuseln und Beschäftigtsein, dass all das letztlich ein und demselben Ziel dient – nämlich diese unsägliche Leere und Einsamkeit nicht zu spüren? Und man erkennt, dass die Welt bzw. die Menschen um einen herum nichts anderes als ein riesengroßer Spiegel sind, in dem man mit einem Mal genau das, das Flüchten, das Hetzen, das Beschäftigtsein, sehen kann? Was soll man dann tun?

Vielleicht verstehst du, was ich meine. Vielleicht ist deine Geschichte auch eine andere, weil du die Einsamkeit schon immer fühlen und erleben konntest. Vielleicht ist deine Geschichte die eines Außenseiters oder die eines Menschen, der immer wieder zum Mobbingopfer oder zum Ziel andersgearteter Ausgrenzungen wurde. Oder du warst immer das hässliche Entlein und hast vergeblich versucht, die große Liebe zu finden. Umgeben von lauter »Happy-hip-People«, also Menschen der Kategorie »sexy, erfolgreich, mittendrin!«, von denen dich keiner zu verstehen schien. Vielleicht ist deine Geschichte von Verlust geprägt, der dich einsam zurückgelassen hat. Was immer auch deine Geschichte der Einsamkeit ist, die dich scheinbar in die Einsamkeit verbannt hat – sie kann enden. Hier und jetzt.

Bist du bereit, dich dafür zu entscheiden?
Bist du bereit dazu, deine Einsamkeit da zu lassen,
wo sie in Wahrheit existiert – nämlich in der Vergangenheit?
Bist du bereit dazu, dich der Gegenwart zuzuwenden?
Einer Gegenwart, die du so gestalten kannst, wie du möchtest?
Mit Erfüllung, Verbundenheit, Gemeinsamkeit?

Dann sei willkommen! Denn allein die Tatsache, dass ich existiere und für mich und für dich, ja, für DICH dieses Buch schreibe, beweist dir: Du bist nicht einsam! Du hast einfach nur vergessen, wie viel Liebe dich umgibt. Wie viele potenzielle Freunde da draußen herumwandern und auf dich warten.

Gerne erinnere ich dich mit diesem Buch daran.

Willkommen in der Gemeinsamkeit!

Alles (ist) Liebe
Deine Silvia Maria Engl

PS: Bitte bereite dich innerlich darauf vor, dass ich keine Bücher schreibe, die deinem Ego schmeicheln wollen. Du wirst in diesem Buch kein Mitleid finden für deine alten Wunden. Auf den folgenden Seiten steht nirgendwo, dass du das ärmste Wesen auf der Welt bist und ich dich so gut verstehen kann. Dieses Buch ist kein Trostpflaster einer Einsamen für Einsame. Es ist ein Buch, das dir helfen kann, deine gefühlte Situation zu verändern. Das sollte dir klar sein, bevor du nun zu lesen beginnst. Auch kann es nicht als Wundermittel für Menschen mit tief greifenden sozialen Phobien fungieren. Es ist kein psychologisches Fachbuch und kein Therapieersatz. Aber es kann dir einen Einblick in Denkansätze geben, die dir bislang vielleicht verborgen blieben. Und damit kann es dir, sofern du das willst und bereit dafür bist, eine Tür öffnen, von der du bislang vielleicht nicht einmal wusstest, dass es sie gibt.

Das Wesen der Einsamkeit

Einsamkeit – nichts als eine Illusion

Wenn du möchtest, dass deine Einsamkeit ein Gefühl von gestern ist, dann solltest du als Erstes begreifen:

Einsamkeit ist ein Gefühl, keine Tatsache.
Einsamkeit ist eine Illusion –
auch, wenn dir dein Ego vorgaukelt, es sei anders.

Während unseres großen Schlafes hier auf der Erde[1] glauben wir meistens völlig kritiklos unseren Gedanken. Wir lauschen dem Geplapper unserer Egos in unseren Köpfen und identifizieren uns mit ihnen. Egal, was wir denken: Wir halten es für wahr. Weil es ja scheinbar unsere eigenen Gedanken sind. Da wir in aller Regel ja auch sehr gerne recht haben und unsere Sicht der Dinge verteidigen (mit Sturheit, unverbesserlicher Rechthaberei, Verurteilung anderer usw.), kommen wir gar nicht auf die Idee, diese Gedanken anzuzweifeln. Darum tun

1 Für mich ist das Leben hier, das wir als »real« bezeichnen, eine Art Schlaf, ein Traum. So, wie wir im Traum die Dinge für real halten, bis wir aufwachen und seufzen: »Ach, das war ja nur ein Traum!«, so empfinde ich unser Sein auf der Erde auch. Das sollte uns aber nicht davon abhalten, diesen Traum so schön wie möglich zu gestalten, bis wir daraus erwachen!

wir uns auch schwer damit, sie loszulassen. Gedanken, die dich zu einem gefühlt einsamen Menschen machen, können beispielsweise lauten:

› Ich bin ganz allein.
› Niemand liebt mich.
› Ich bin der einsamste Mensch auf der ganzen Welt.
› Keiner versteht mich.
› Niemand hat das durchgemacht, was ich durchgemacht habe.
› Niemand interessiert sich dafür, wie es mir geht.
› Wenn die wüssten, wie ich wirklich bin, würden sie mich hassen.

Die Ursachen dafür, dass du diesen Gedanken glaubst und bereit bist, die Emotionen, die diese hervorrufen, auszuhalten, sind in deiner Geschichte zu finden. Eine Geschichte, die so alt ist, dass du sie für absolut normal und richtig und wahr hältst. Dabei müssen diese Gedanken keinesfalls alle wahr sein. Oder aber du hältst an ihnen fest, obwohl es überhaupt keinen Beweis für sie gibt.

Schauen wir uns diese Gedanken doch einmal exemplarisch näher an:

ICH BIN GANZ ALLEIN.

Das haben wir relativ schnell gelöst. Denn da du dir mit ca. 7 Milliarden Menschen ein und denselben Planeten teilst, kannst du gar nicht allein sein. Du schließt all die anderen Menschen aus deinem Leben aus, nicht umgekehrt. Das ist ein Satz, den du dir wirklich einmal auf der Zunge zergehen lassen solltest. Noch einmal:

Wenn du dich auf der Welt allein fühlst, ist das nicht,
weil andere dich ausschließen,
sondern weil du dich den anderen Menschen versperrst.

Wenn du bereit bist, das als Wahrheit anzuerkennen, kann dein Leben ab genau diesem Moment völlig anders verlaufen. Wieso? Weil du dir dann deine Macht zurückgibst! Die Macht, dein Leben selbst in der Hand zu haben. Die Macht, darüber entscheiden zu können, ob du alleine oder mit anderen zusammen sein möchtest.

Willst du weiter recht haben – oder willst du glücklich sein?

NIEMAND LIEBT MICH.

Woher willst du das wissen? Hast du alle Menschen, die du kennst, schon gefragt? Ich meine: wirklich alle? Letztlich ist nicht einmal das wichtig. Denn wenn du dich selbst voll und ganz lieben würdest, wäre dies schon als Unwahrheit widerlegt. Dann würde dich mindestens ein Mensch lieben. Du bist ja schließlich kein Niemand. Auch diese Erkenntnis ist so wichtig, dass ich sie hier wiederholen möchte:

Wenn du dich selbst liebst,
gibt es mindestens einen Menschen, der dich liebt.
Und ein Mensch ist nicht niemand.
DU bist nicht niemand.

Der Clou daran ist: Wenn du dich selbst liebst, dann wirst du gar nicht mehr auf die Idee kommen, an diesem Gedanken und dem damit einhergehenden Jammern festzuhalten. Denn dann hast du etwas viel Besseres zu tun, zum Beispiel, dein Leben zu genießen. Mit deinen Freunden etwas zu unternehmen. Dein Familienleben auszukosten.[2] Die Frage also ist:
Willst du dich weiter selbst nicht (vollständig) lieben – oder willst du glücklich sein?

2 Nur zur Erinnerung: Das Gefühl, einsam zu sein, gibt es nicht nur bei Menschen, die keine Familie oder keinen engen Freundeskreis haben. Von daher ist es kein Widerspruch, wenn dem gefühlt einsamen Menschen hier geraten wird, sich seiner Familie etc. gegenüber wieder zu öffnen.

ICH BIN DER EINSAMSTE MENSCH AUF DER GANZEN WELT.

Superlative haben in einem solchen Zusammenhang immer etwas Mitleiderregendes. Warum es dann so ausdrücken? Ganz einfach: Der Einsamste unter den Einsamen zu sein, bedeutet, wenigstens in einer Sache der Beste zu sein.

Befriedigt dich das?
Der Einsamste aller Einsamen zu sein?
Wieso?

Das ist doch kein Titel, der begeistert, oder? Außerdem würde diese Behauptung voraussetzen, dass du schon mit wirklich allen Einsamen dieser Welt gesprochen und konkret dein Leiden verglichen hättest. Falls dem so sein sollte, dann schreib mir bitte, ja? Das wäre eine Sensation und ich würde gerne einen Artikel über dich verfassen. (Mit dieser Bemerkung will ich dich nicht verhöhnen, sondern dir deutlich machen, wie sehr du dich mit solchen Gedanken in deinem Selbstmitleid gefangen hältst.)
Willst du dich weiter als mitleiderregendes Individuum verkaufen – oder willst du glücklich sein?

KEINER VERSTEHT MICH.

Auch wenn es Hunderte von Sprachen auf der Welt gibt – einer wird deine Sprache sicherlich auch sprechen. Die Voraussetzung dafür, diesen Menschen zu finden bzw. mit ihm in Kontakt zu treten, ist, dass du bereit bist zu kommunizieren.

Bist du bereit, wahrhaftig zu kommunizieren?
Bist du bereit, dein Innerstes zu zeigen, deine Wunden, Schwächen, vermeintlichen Fehler?
Über sie und deine Ängste zu sprechen?
Und bist du auch bereit, anderen zuzuhören, dich auf ihre Sorgen und Ängste einzulassen?

Du wärst sicherlich sehr verwundert, wie viele Menschen dich dann tatsächlich verstehen würden.

Bei Menschen, die glauben, keiner würde sie verstehen, kann man oft die Beobachtung machen, dass sie sich selbst nicht verstehen. Wenn ich zum Beispiel in meiner Wohnung mitten in München sitze und mich total einsam fühle, dann verstehe ich mich wirklich selbst nicht. Alles, was ich tun müsste, wäre, vor die Haustür zu gehen und Kontakt mit anderen Menschen aufzunehmen. Immerhin wohnen ca. 1,5 Millionen Menschen in dieser Stadt. Stattdessen hänge ich auf der Couch rum, frage mich jammernd, wie das alles so weit kommen konnte, und verzweifle im Sud meiner Einsamkeit. Nein, in diesen Momenten verstehe ich mich wirklich nicht. Also wäre es wohl eine Zumutung, das von meinen Mitmenschen zu verlangen.

Willst du dich aussperren, von anderen isolieren und gar nicht erst versuchen, zu kommunizieren – oder willst du glücklich sein?

NIEMAND HAT DAS DURCHGEMACHT, WAS ICH DURCHGEMACHT HABE.

Ein einziger Blick auf die Geschichte der Menschheit zeigt: doch!
Egal, was auch passiert ist, wie schlimm das Schicksal dir mitgespielt haben mag: In den letzten paar Jahrtausenden gab es ganz sicher schon Menschen, die genau das durchgemacht haben, was du gerade durchmachst. Vielleicht sogar Schlimmeres. Wenn du jetzt wütend wirst, dann überprüfe dich einmal, und schaue, was diese »Wahrheit« dir an Gewinn schenkt. Denn Menschen, die in schwierigen Situationen die Augen offen halten für andere, die sie verstehen und die ihnen Auswege zeigen können, die sind wirklich an einer Lösung interessiert. Und werden sie dementsprechend finden bzw. sich helfen lassen, auch wenn es ein weiter Weg sein mag. Bist du aber an den Geschichten anderer gar nicht interessiert, die in ähnlich schwierigen Situationen steckten wie du – diese aber gemeistert haben, indem sie sich Hilfe holten (o.ä), dann willst du in Wahrheit gar nicht raus aus deinem Leid. Denn in diesem Fall versprichst du dir offensichtlich etwas davon, in deiner Misere stecken zu bleiben.

Der Satz »Niemand hat das durchgemacht, was ich durchgemacht habe« ist nicht wahr. Warum hältst du dann verzweifelt an ihm fest?

Du baust dir mit dieser Einstellung einen Elfenbeinturm. Und suhlst dich vielleicht sogar in deinem Leid, weil es dich vermeintlich zu jemand Besonderem macht. Vielleicht schätzt du es, dass andere dich für stark halten, weil es dir so schlecht geht und du trotzdem den Kopf irgendwie noch hoch hältst. Vielleicht bestätigt dieses Leid auch einen Gedanken älteren Ursprungs in dir, nämlich den, nie Glück im Leben zu haben. Solche Gedanken blockieren enorm! Vor allen Dingen halten sie dich davon ab, all das Schöne und Wahre, also das Leben ohne Leid, um dich herum wahrzunehmen, das du im Moment wohl noch ausblendest. Egal, wie miserabel deine Lage auch scheinen mag: Irgendwo blüht immer eine Blume, die deine Aufmerksamkeit verdient. Auch im Winter, in den kältesten, dunkelsten Monaten, wirst du in der Natur Wunder finden, und sei es der Frost, der in all seiner Kälte eine ganz eigene, anmutige Schönheit besitzt, die aber erst zum Leben erweckt wird, wenn du sie mit offenen Augen betrachtest.

NIEMAND INTERESSIERT SICH DAFÜR, WIE ES MIR GEHT.

Vielleicht liegt das daran, dass du niemandem mitteilst, wie es dir geht. Also, wirklich geht. Spielst du vielleicht dieses Spiel, bei dem man auf die Frage »Hey, wie geht's dir?« unaufrichtig »Ach, alles gut« antwortet? Der andere nickt und lacht, gibt sich zufrieden – obwohl er doch spüren müsste, dass es dir nicht gut geht. Das macht dich sauer. Es macht dich sauer, dass der andere nicht darauf besteht, nachzubohren. »Der will doch gar nicht wissen, wie es mir wirklich geht!«, brüllt dein Ego innerlich verletzt. Dabei hat dich dieser Mensch doch gefragt. Nur hast du nicht ehrlich geantwortet. Das kann verschiedene Gründe haben. Natürlich können auch frühere Zurückweisungen die Ursache für dein Verhalten sein. Vielleicht liegt es aber auch daran, dass du bemitleidet werden willst in deinem Leid, von dem du überzeugt bist. Hast du dir denn schon einmal überlegt, dass es da vielleicht in Wirklichkeit gar nicht so viel zu bemitleiden gibt? Außer einem »großen« Kind, das lieber beleidigt einen Schmollmund zieht und sich über die Kaltschnäuzigkeit der anderen beschwert, anstatt sich all den schönen Dingen im eigenen Leben zuzuwenden? Wenn dein Inneres Kind verletzt ist, braucht es Zuwendung. Und zwar deine. Vielleicht sind es ja aber auch wirklich nur alte Verhaltensweisen, die du jetzt nicht mehr brauchst. Hinterfrage dich mal, dir zuliebe!

Mittlerweile schimpfst du beim Lesen vermutlich schon und sagst: »Aber ich erzähle doch dauernd, wie schlecht es mir geht. Und es ist den anderen egal! Keiner hört mir zu!« Vielleicht liegt es ja daran, dass du eben andauernd die gleiche Geschichte erzählst. Und dir schon die verschiedensten Lösungswege aufgezeigt wurden, du aber nicht ansatzweise in Erwägung gezogen hast, auch nur einen davon in die Tat umzusetzen. Weil du in Wahrheit nämlich gar keine Lösung finden willst – sondern einfach nur jammern. Es befriedigt einen Teil in dir, diese leidvolle Geschichte wieder und wieder zu erzählen.

Wer wärst du ohne deine leidvolle Geschichte?
Wie wäre es, wenn du dich selbst einmal für die Antwort auf diese Frage ernsthaft interessieren würdest?

Wie wäre es, wenn du dich für die Lösung deiner Probleme interessieren würdest, statt dafür, Gründe zu finden, dich über andere beklagen zu können?
Dich über dein Schicksal beklagen zu können?

Das wolltest du jetzt gar nicht hören? Das nervt dich? Du fühlst dich wieder nicht verstanden? Großartig! Dann kannst du genau hier und jetzt ansetzen, in die Heilung deiner verletzten Gefühle zu gehen, statt über dieses drittklassige Buch zu schimpfen, in dem du wieder auf kein Verständnis stößt. In diesem Fall empfehle ich, es jetzt zur Seite zu legen und ganz in dich hineinzufühlen. Was macht dich eigentlich wirklich wütend? Ein paar schwarze Buchstaben auf weißem Papier? Oder geht es um etwas ganz anderes? Erlaube dir, deine Gefühle wahrzunehmen und ihnen Raum zu geben! Schenk dir die Zeit, die du dafür brauchst. Für dich. Oder anders gesagt: Interessiere dich selbst dafür, wie es dir geht. Jetzt!

WENN DIE WÜSSTEN, WIE ICH WIRKLICH BIN, WÜRDEN SIE MICH HASSEN.

Und darum spielst du Theater, Tag für Tag. Wie anstrengend! Aus eigener Erfahrung weiß ich das. Es gibt kaum etwas Anstrengenderes, als ständig so zu tun, als ob. Puh, das kostet Kraft. Und es macht schrecklich einsam. Denn man sperrt seine wahren Gefühle, Gedanken, Wesenszüge in sich weg. Man wird zum Gefangenen seiner selbst. Das hausgemachte Alcatraz. Ein Hochsicherheitsgefängnis, in dem man Insasse, Gefängnisdirektor und Wärter zugleich ist.

Dabei stellt sich doch auch hier wieder die Frage: Woher willst du wissen, dass dieser Satz stimmt? Dazu müsstest du ja erst einmal die Erfahrung gemacht haben, wie die Reaktion deiner Mitmenschen ist, wenn du dich vollständig und rückhaltlos ehrlich verhältst. Rund um die Uhr. Mindestens,

sagen wir einmal, ein Jahr lang. Oder wenn dir die Vorstellung, ein Jahr lang ganz du selbst zu sein, Angst macht, zumindest ein paar Wochen lang. Ein paar Tage lang wenigstens? Niemals dich verstellen, immer wahrhaftig sein. Das wäre doch einmal ein Experiment! Und ja, ich glaube schon, dass es dann einige Menschen geben könnte, durch die du eventuell Ablehnung erfährst. Aber das wäre doch dann eine super Chance, die dadurch hochkommenden negativen Gefühle zu heilen! Gleichzeitig würdest du aber auch auf immer mehr Menschen treffen, die sich von dir genau dadurch, dass du so offen und ehrlich bist, angezogen fühlen würden. Und bei denen könntest du dir sicher sein, dass sie dich genau deshalb mögen, weil du so bist, wie du bist.

Die Wahrheit hinter diesem Satz ist: Du lehnst dich dafür ab, dass du bist, wie du bist. Du sperrst dich weg. Du weigerst dich, dich so anzunehmen, wie du bist. Du selbst bist es, der schlecht über dich denkt!

Ist dir die Tragweite dieses Wissens klar? Verstehst du, was das bedeutet? Und ist dir klar, dass du, wenn du weiterhin die oder den Unnahbare/-n spielst, niemandem die Erlaubnis gibst, dich so zu lieben, wie du bist? Es ist, als würdest du ein Schild um den Hals tragen, auf dem steht: »Hass mich! Lehn mich ab! Egal, was ich auch sage oder tue!« Und gleichzeitig brichst du immer wieder in Tränen aus, weil niemand dein wahres Ich sieht und dich bedingungslos liebt. Kurzum: Du machst es dir selbst ziemlich schwer. Magst du dich dafür entscheiden, dich zu öffnen, um endlich die Liebe zu erfahren, nach der du dich sehnst?

Das ist ein langer und sicherlich so manches Mal auch schwerer Weg. Aber einer, den es sich zu gehen lohnt.

Alte Geschichten – jetZiges Leid

Um zu hinterfragen, wo unsere heutigen Probleme herkommen, mag ich die Bezeichnung »Geschichten«, die ich durch den Psychology-of-Vision-Begründer Chuck Spezzano kennen- und schätzen gelernt habe. Es liegt in unserer Hand, ob wir sogenannte »dunkle Geschichten« oder »heilende Geschichten« schreiben wollen. Dunkle Geschichten sind zum Beispiel solche des Neids, des Missbrauchs oder der Manipulation. Und natürlich auch die der Einsamkeit, die eines Waisenkindes im übertragenen Sinne.

Dein Weg ist einzigartig. Niemand hat je exakt dein Leben, so, wie du es jetzt lebst, gelebt. Das hier ist eine ganz einmalige Spielvariante – sogar dann, wenn man an Paralleluniversen glaubt, in denen jede denkbare Abweichung existiert. Aber dann ist es eben in einer Parallelwelt auch nicht genau dieses Leben, das du dort lebst. Sondern du mit einem anderen Partner. Du mit einem anderen Beruf. Du, wie du einen Salat isst, statt das Schnitzel, das jetzt vor dir liegt. Hier – du – jetzt, das gibt es genau ein Mal. Dazu gehören alle Erfahrungen, die du bisher gesammelt hast. Dazu gehören alle Schmerzen, alle glücklichen Momente. Alle Begegnungen, alle Abschiede. Mit jeder deiner Entscheidungen und Erlebnisse machst du einen Eintrag in das kollektive Tagebuch des Universums. Unwiderruflich. Ja, unwiderruflich. Aber nicht unabänderlich.

Es sind nicht deine leidvollen Erfahrungen von früher, die sich jetzt negativ auf dein Leben auswirken. Es sind die Entscheidungen, die du danach getroffen hast. Die Ängste, die daraus entstanden sind, die du behalten hast und die dich jetzt blockieren. Ein Beispiel, damit dir dies klarer wird:

Nehmen wir einmal an, du wurdest als Kind von einem Hund angegriffen (das ist mir nämlich passiert), und das war eine schockierende Erfahrung (war es, weil ich das so interpretiert habe, nämlich mich als hilflos und den Hund als übermächtig). Das allein wäre noch kein Problem. Dann bist du eben einmal von einem Hund angegriffen worden. Das, was sich aber bis heute auswirkt, und zwar blockierend, ist die Angst, die daraus entstanden ist. Die Angst, du könntest dich irgendwann wieder in einer solchen Situation befinden (Konfrontation mit einem Hund, der dich angreift), bewirkt, dass du grundsätzlich Angst vor Hunden hast. Um es ganz klar zu sagen:

Weil ein Hund dich einmal angegriffen hat,
hast du jetzt Angst vor allen Hunden dieser Welt.

Deine Geschichte lautet aufgrund deiner Entscheidungen damals: »Hunde sind gefährliche Tiere! Man muss Angst vor ihnen haben.«

Ist das logisch? Ist das sinnvoll? Macht dich das glücklich?
Weil ein Mann dich verletzt hat, ist es besser, alle Männer zu meiden und dich abzuschotten?
Weil jemand dich belogen hat, ist es sinnvoll, niemandem mehr auch nur ein Wort zu glauben?
Weil manche Menschen Krieg führen, macht es Sinn, unsere gesamte Rasse zu verurteilen?
Nein. Doch wann wäre eine auf dem Ego, eine auf der Vergangenheit basierende Angst[3] schon sinnvoll? Nie. Genau aus diesem Grund sollten wir sie auch nicht nähren, sondern sie zu heilen (ver)suchen.

Ja, du hast leidvolle Erfahrungen gemacht. Doch es ist wieder und wieder deine Entscheidung, wie du damit umgehst, welche Konsequenzen deine daraus resultierenden Entscheidungen haben. Ob du dich weiter abschotten möchtest. Ob du weiterhin die Einsamkeit vorziehst, aus Angst, (wieder) enttäuscht zu werden. Dein Ego gaukelt dir vor, dass es dich durch Vermeidung vor Schmerz schützen würde. Dabei ist es genau dieses Vermeidungsverhalten, das dich unglücklich macht! Das dich einsam werden lässt in deinem gläsernen Käfig. Andere lehnen mich ab. Na und?

3 Damit ist nicht die intuitive Angst gemeint, die uns schützend vor Gefahr warnt.

Sterbe ich daran? Andere versuchen, mich zu manipulieren. Na und? Muss ich mich weiter manipulieren lassen? Oder rege ich mich in Wahrheit darüber auf, dass ich es nicht schaffe, mich endlich einmal anders zu verhalten und »Stop – bis hierhin und nicht weiter!« zu einem anderen zu sagen? Manipuliere ich vielleicht sogar selbst, zum Beispiel, indem ich versuche, andere davon zu überzeugen, dass ich ein ganz armer Tropf bin? Indem ich meiner Freundin immer wieder erzähle, was für ein mieser Kerl mein Mann ist, damit sie *mir* glaubt und nicht ihm? Ach ja, was das Verbreiten von Halbwahrheiten und Beschönigen der Realität zu unseren Gunsten angeht, da sind wir Menschen enorm erfinderisch und merken oft schon gar nicht mehr, was wir da tun.

Einen anderen Menschen (zum Beispiel die beste Freundin) partout dazu bringen zu wollen, die eigenen Sicht- und Denkweisen einzunehmen, um damit Einsamkeit zu vermeiden, geht oft mit (teils unbeabsichtigt) manipulativem Verhalten einher.

Wenn ich dich nun dazu einlade, nicht mehr deine alten, dunklen, leidvollen Geschichten zu nähren, indem du sie dir und auch anderen wieder und wieder erzählst, diese Opfer- und Leidgeschichten, sondern dich positiven und somit heilenden, glücklichen, erfüllenden Geschichten in deinem Leben zuzuwenden, dann ist dies eine Chance, die du ergreifen solltest. Nutze die Kraft deiner Gedanken und ihre Macht dazu, dir klar zu machen, was du in Wirklichkeit willst! Nimm dir Zeit mit dir selbst, mit deinem Innenleben, auch wenn das erst einmal (wieder) Alleinsein bedeutet. Denn nur so kannst du herausfinden, was du denkst, wieso du so denkst und was es braucht, damit du dieses Denken verändern kannst. Unsere Realität, oder genauer gesagt, unser Erleben, folgt unserer Aufmerksamkeit. Das, was ist, spiegelt unser Inneres wider. Diese spirituell-philosophische Sichtweise ist nicht neu. Doch höre ich sie gebetsmühlenartig insbesondere von spirituell interessierten Menschen immer wieder – allerdings nur so lange, bis ihr Ego sie dazu bringt, das, was ist, vehement abzulehnen und von sich zu weisen bzw. es hart zu verurteilen (zum Beispiel Krieg im Nahen Osten, verdammungswürdige Kinderschänder und dieser Dinge mehr), ohne nach dem eigenen Anteil daran in sich zu suchen.[4] Vermutlich schreit dein Ego jetzt schon wieder: »Ja, aber wie soll ich das denn bitte schön tun?« Und davon lässt

4 Und ja, das geht. Man kann Dinge als für den Menschen nicht dienlich sehen, ohne sie mit abgrundtiefer Abscheu zu verurteilen und zu verdammen. Das sind durchaus zwei völlig verschiedenen Sichtweisen. Denn die eine geht mit der klaren Sichtweise eines inneren Friedens einher, die andere zeugt von verdrängten Schuldgefühlen. Denn letztlich trägt jeder und jede Einzelne von uns einen Anteil daran, dass die Welt ist, wie sie ist. Was ich tatsächlich verdamme, ist ein unbewusster Anteil in mir, mit dem ich mich nicht beschäftigen will. Aus Erfahrung, und nicht aus Bücherwissen heraus, kann ich überzeugt sagen, dass dem wirklich so ist – zumindest in meiner Realität. Wann immer ich mich diesen Anteilen gestellt und sie in mir geheilt habe, hat sich meine Wahrnehmung und/oder sogar mein Außen verändert. Das gilt selbstverständlich auch für subjektiv gefühlte Einsamkeit.

du dich abhalten, etwas zu ändern. Weil du nicht weißt, wie. Fakt ist: Es ist egal, wie. Fakt ist auch, dass es da draußen Hunderte, ja Tausende von Angeboten gibt, mit deren Hilfe man altes Leid hinter sich lassen und Blockaden auflösen kann. Statt mit offenen Augen durch die Welt zu gehen und einmal dies, einmal das auszuprobieren, statt IN dich zu gehen und dort die beste aller Methoden für dich zu finden, bleibst du in deiner eingebildeten Hilflosigkeit, die du dann wieder und wieder erzählst, anderen und auch dir selbst, stecken. Ja, diese Worte mögen hart klingen in den Ohren deines Egos. »Die versteht mich doch überhaupt nicht! Die hat doch keine Ahnung von meinem Leben! Ich bin wirklich einsam! Ich bin wirklich hilflos!« Ich glaube dir, dass du dich so fühlst. Aber ich glaube, im Gegensatz zu deinem Ego, nicht, dass es in Wahrheit auch so ist. Du kannst dich nun entscheiden, wem du ab jetzt glauben willst. Und noch einmal:

Wenn du nicht weißt, wie, dann sage: »Ich habe keine Ahnung, wie sich meine Situation ändern soll oder kann. Aber egal, wie: Ich entscheide mich dafür, dass sie sich ändert! Und dass ich meine wahre Kraft, Macht, meine Verbundenheit mit allem, was ist, wieder spüren kann! Ich entscheide mich dafür, dass meine gefühlte Einsamkeit der Vergangenheit angehört, und ich entscheide mich dafür, eine erfüllte Zukunft zu gestalten. Jetzt!«

Möchtest du weiter neidisch sein auf andere, die es angeblich besser haben als du? Willst du weiter gekränkt sein? Hilflos? Einsam?

Oder möchtest du großzügig sein? Verständnisvoll? Hilfsbreit? Teil eines gigantischen Teams von Engeln, das wir »Menschen« nennen?

Triff jetzt eine Wahl! Und überlasse das »Wie« dem Leben![5] Entscheide dich wieder und wieder dafür, heilsame Geschichten zu schreiben und gib die dunklen auf, lass sie Schritt für Schritt sich auflösen! Deine Entscheidungen sind überaus machtvoll, sie setzen das Universum in Bewegung, jedes Mal, und du solltest sie nutzen, mit all deiner Kraft, um dich endlich aus dem Gefängnis deiner illusorischen Einsamkeit zu befreien! Dabei kannst du dir bewusst machen, dass du täglich Tausende von Entscheidungen triffst! Ja, Abertausende! Alles, was du tust, jede Bewegung deiner Finger, ist das Ergebnis einer Entscheidung. Denn kurz zuvor hast du dich dafür entschieden, diese Finger zu bewegen –

5 Wenn du dich darauf nicht einlassen kannst oder willst, dann bekommst du gerne hier und jetzt eine glasklare Empfehlung: Vipassana. Diese Meditation, die vor 2500 Jahren von Siddharta Gautama, dem Buddha, wiederentdeckt wurde, wurde in seiner reinen Form in Burma erhalten und erobert dank S. N. Goenka mittlerweile die Welt. Vipassana ist eine Technik, die den Geist reinigt und dadurch dein Leben zum Positiven hin verändert. Sie wird auf reiner Spendenbasis angeboten und ist daher auch für Menschen zugänglich, die kein oder nur sehr wenig Geld haben. Lass keine Ausrede gelten und melde dich an! Jetzt! Nähere Infos unter www.dhamma.org

zum Beispiel, um deine Einsamkeit mit der Schokolade zu unterdrücken, die du jetzt eben zu deinem Mund führst mit deinen Fingern. Stattdessen könntest du dich aber auch dafür entscheiden, diese Gefühle nicht durch Essen zu unterdrücken (oder durch exzessiven Sport oder Shopping oder ...), sondern sie bewusst wahrzunehmen, sie zu spüren und anzunehmen. Sie zu beobachten und dabei zuzusehen, wie sie sich Schicht um Schicht auflösen, durch dein Beobachten, dein Wahrnehmen, dein Annehmen.

Du hast immer eine Wahl. Immer. Und du triffst immer eine Entscheidung, ob du nun bewusst willst oder nicht. Denn auch keine Entscheidung zu treffen, ist eine Entscheidung.

Schuldgefühle als Nährboden

Du hast nun schon viel über die Wahrheit, die hinter so manch einsam machenden Gedanken stecken kann, erfahren. Du hast vielleicht sogar erkannt, dass du dir wieder und wieder eine Geschichte erzählst, die nur Leid verursacht, dich aber in Sachen Lebensfreude und Gemeinsamkeit nicht weiterbringt. Warum aber fällt es dann oftmals tatsächlich so unendlich schwer, sich für das Glücklichsein zu öffnen?

Ein nicht zu unterschätzender Grund hierfür liegt in (tief vergrabenen) Schuldgefühlen. Vielleicht erinnerst du dich an Situationen, in denen ein schlechtes Gewissen in dir hochkam, weil du etwas getan hattest, das du deiner Meinung (oder der Meinung anderer) nach nicht hättest tun sollen. Du hast dich dafür, dass du das getan hast, schlecht gefühlt – und tust es vermutlich tief in dir heute noch. Das ist eine Variante von Schuldgefühlen, nämlich die der dir bewussten bzw. die, an die du dich, zumindest mit ein wenig Anstrengung, noch erinnern kannst.

Diese bilden aber nur die Spitze eines Eisberges, der aus unbewussten Schuldgefühlen besteht. Jeder Einzelne von uns trägt einen solchen aus den unterschiedlichsten Gründen mit sich herum. Weil sie aber so verborgen und unterdrückt sind (denn wir ertragen es nicht, uns mit diesen Schuldgefühlen auseinanderzusetzen), ist es kaum möglich, sie bewusst wahrzunehmen – und somit vielleicht auch zu heilen. Scheinbar.

Tatsächlich gibt es aber recht einfache Methoden[6], um alte Wurzeln deines heutigen Leidens aufzuspüren. So kann dir beispielsweise dein Körper wichtige Informationen liefern. Indem du in einem meditativen Zustand hinterfragst, was der Ursprung diverser Verspannungen (insbesondere im Nacken-/Schulterbereich) ist, gibst du deinem Unterbewusstsein den Befehl, das »Geheimnis« zu enthüllen. Es folgen Erinnerungen, Bilder, an die du dich vielleicht nicht bewusst erinnern kannst, Gefühle oder auch Impulse. Sie alle geben Aufschluss darüber, was hinter den Verspannungen in Wahrheit liegt bzw. liegen kann. Wenn du jetzt verächtlich schnaubst und sagst: »Ja, das kann ich schon sagen, wo mein verspannter Nacken herkommt! Der hat nichts mit Schuldgefühlen zu tun, sondern mit dieser bescheuerten Büroarbeit, die ich 40 Stunden pro Woche mache!«, magst du recht haben. Dennoch stellt sich auch die Frage, warum du eine Arbeit tust, wieder und wieder, die dich offenkundig nicht glücklich macht bzw. die dich so stresst, dass du dich dabei verspannst. Eine Arbeit, die dazu führt, dass dein Körper auf

6 Gemeint ist damit, dass die Methoden als solche sehr einfach sind. Dass wir uns aufgrund unserer Verstrickungen, Geschichten, Erlebnisse und Ängste oftmals sehr schwertun, sie konsequent anzuwenden, ist eine andere Sache. Und doch: Schwer heißt nicht unmöglich!

Dauer krank wird. »Ich kann eben nichts anderes«, »Was soll ich denn sonst machen?«, »Ich bin nun einmal nicht Krösus!« – all diese und ähnliche Sätze geben Aufschluss darüber, dass du deiner Meinung nach entweder keine Wahl hast (Opferstatus) oder dass du glaubst, nichts Besseres zu verdienen. Und was liegt wiederum diesem Denken zugrunde? Genau: ein mangelndes Selbstbewusstsein bzw. mangelnder Selbstwert, der auf Schuldgefühlen basiert (»Ich bin ein sorgenfreies, reiches Leben nicht wert, weil …«).

Falls es dir nicht gleich gelingen sollte, einen klaren Zugang zu deinem Körper bzw. seinen Zeichen an dich zu bekommen, dann habe Geduld mit dir und übe dich darin! Selten haben sich Menschen einfach hingesetzt mit dem Gedanken: »So, jetzt meditiere ich!« und waren sofort wahre Zen-Meister. Im Übrigen kannst du auch deine Ungeduld körperlich lokalisieren und sie hinterfragen. Das gilt selbstverständlich auch mit jeder Facette deiner Einsamkeit. Natürlich kann es bei größeren Themen durchaus Sinn machen, die Unterstützung anderer Menschen hinzuzuziehen. Ich bin fest davon überzeugt, dass jeder Mensch, der (sich) sucht, auch fündig wird. Der eine auf diese Weise, der andere eben auf eine andere. Wichtig ist nicht, wie wir fündig werden und womit, sondern dass.

Des Weiteren sind deine Mitmenschen der Spiegel, der dir dabei helfen kann, unterdrückte Gefühle bewusst zu machen. Denn du kannst dir sicher sein: Wann immer du andere kritisierst, herabsetzt, schlecht machst, über sie lästerst, kurz: sie verurteilst, verurteilst du in Wahrheit dich selbst bzw. einen Teil von dir. Wenn du das nicht nur als spirituelle Weisheit glaubst oder predigst, sondern es in der Praxis lebst, kommst du deinen eigenen Schatten sehr schnell auf die Schliche – auch wenn das wohl nicht immer unbedingt das Angenehmste auf der Welt ist. Hinter dieser Arbeit aber warten viel Selbsterkenntnis und damit wahre Freiheit und echtes Glück auf dich. Und damit einhergehend funktionierende Beziehungen!

Natürlich gilt das auch für positive, inspirierende Vorbilder, wenn man seine Einsamkeit überwinden möchte. Ich habe einen Bekannten, der einfach ein Meister darin ist, mit anderen Menschen in Beziehung zu treten. Egal, wohin der geht, in welches Land, an welchen Ort, aus welchem Anlass: Er kommt sofort mit den Menschen dort ins Gespräch, mühelos. Nicht aufgesetzter Small Talk, sondern lebendige Gespräche, lebendige Beziehungen. Früher schien ich das auch zu können, aber da befand ich mich in einer Rolle. Als mir klar wurde, dass ich diese Gabe des in Kontakt Tretens ohne meine Masken erst neu wieder finden dürfte, holte ich mir in einer neuen Umgebung meinen Bekannten vor Augen. »Was würde er jetzt tun? Wie würde er auf diese Menschen zugehen? Was würde er sagen, was würde seine Körpersprache ausdrücken?« Zu Beginn mag das ein Kopieren sein, das damit verbunden ist, über den eigenen Schatten zu springen. Nach einer Weile aber können die so gewonnenen positiven

Erlebnisse dazu führen, die eigene Gabe der Interaktion mit anderen in sich wiederzuentdecken. Mir jedenfalls hat das sehr geholfen in so manch scheinbar einsamen Situation, die sich so als erfüllt und verbunden auflösen ließ. Denn »Spiegel« bedeutet auch, dass all das Gute, Inspirierende, Wunderbare, das ich in anderen sehe, auch in mir ist. Auch ich habe diese Gaben und kann mich in jedem Moment dafür entscheiden (!), sie zu leben. Dazu gehört selbstverständlich auch die Gabe der gelebten Verbundenheit mit anderen Menschen.

Wenn du dir also die Zeit nimmst, um bewusst in deine vielen Spiegel um dich herum zu blicken, kann es dir also zwar

bei scheinbar negativen Reflexionen im ersten Moment aufstoßen, wenn du zum Beispiel diesen aufgeblasenen Gockel siehst, der sich immer in den Mittelpunkt drängt, und der umringt ist von Menschen, die ihn wegen nichts und wieder nichts anhimmeln, während du deiner Meinung nach unverdient einsam abseitsstehst. Es lohnt sich aber, damit aufzuhören, ihn innerlich zu verurteilen und dich stattdessen deinem Schattenanteil zuzuwenden, den er dir spiegelt bzw. den deine Interpretation dieses Bildes dir aufzeigt. Beneidest du ihn in Wahrheit, weil du nie im Mittelpunkt stehst, obwohl du es deiner Meinung nach verdienen würdest – mehr als er zumindest? Oder bist in Wahrheit du überheblich und eingebildet, weil du deine Wahrheit in den Mittelpunkt stellst, statt dich für andere Sichtweisen zu öffnen? Verurteilst du die »Dummen«, die ihn vergöttern, obwohl du im Grunde auf dich selbst sauer bist, weil du lieber Mauerblümchen spielst, statt dich, so wie du bist, zu zeigen und so eine echte Verbindung zu anderen herzustellen? Die Möglichkeiten sind vielfältig. Finde deine Wahrheit in dir! Finde heraus, was dich hinter dieser von deiner Interpretation der Szene projizierten Oberfläche wirklich bewegt – und heile es! Zum Beispiel, indem du dich darin übst, deine aufkommenden Gefühle und Empfindungen mit Gleichmut zu betrachten. Wie willst du gesunde, glückliche Beziehungen leben, wenn du in ständiger Ablehnung durch andere lebst? Außerdem kannst du gar nicht wissen, ob deine Sichtweise dieses Bildes mit dem aufgeblasenen Gockel im Mittelpunkt des Interesses der Wahrheit entspricht. Genau genommen tut es das ganz sicher nicht. Das stellst du schnell fest, wenn du andere fragst. Die einen werden den »Gockel« noch gar nicht bemerkt haben. Andere finden ihn witzig und sympathisch. Am liebsten aber würde sich dein Ego vermutlich mit jemandem unterhalten, der ihn genau so verurteilt wie du selbst, nicht wahr? Denn dann hättest du beides: Du könntest bei deiner subjektiven Wahrheit bleiben, ohne dich tiefer gehend mit dir selbst zu beschäftigen, UND du wärst nicht mehr einsam. Allerdings hättest du nur jemanden gefunden, der die gleichen Schmerzen teilt wie du, was dich deiner eigenen Heilung kein Stück nähergebracht hätte.

Nimm dir für die folgende Übung wirklich Zeit. Am besten notierst du dir die Gedanken und Impulse, die dabei zu dir kommen, damit du sie später nachlesen kannst. Setz dich an einen ruhigen Ort, schalte das Handy aus/auf stumm und gönne dir einfach ein paar Minuten mit dir selbst.

Suche dir eine der folgenden Fragen aus, merke sie dir, und schließe dann deine Augen. Dann konzentrierst du dich auf dein Herz oder deinen Wahrheitspunkt[7] und stellst dir die Frage laut. Spüre in dich hinein und beobachte mit deinem Verstand, also deiner bewussten Aufmerksamkeit, weiter deinen Fixpunkt! Was immer sich dir auch zeigt – nimm es

7 Was dein Wahrheitspunkt ist, wie du ihn findest und wie du mit ihm Zweifel überwinden kannst, kannst du bei Interesse in Silvia Maria Engls »Schluss mit den Zweifeln!«, Schirner Verlag, Darmstadt 2015 nachlesen.

zunächst einmal kritiklos an. Vielleicht verstehst du die Antworten gleich, vielleicht auch nicht. Vielleicht bekommst du viele Impulse, vielleicht erst einmal gar keine. Entscheide dich in jedem Fall dafür, die Antwort/-en zu bekommen, und zwar zum für dich perfekten Zeitpunkt!
Hier einige Fragen, die dir dabei helfen können, den Gründen für deine Einsamkeit auf die Spur zu kommen:

› Warum fürchte ich mich vor echter Nähe?
› Welches Gefühl versuche ich, mit meiner Abschottung zu vermeiden?
› Welche positiven Assoziationen habe ich mit Einsamkeit?
› Was ist der Ursprung meiner heute empfundenen Einsamkeit?
› Was brauche ich, um meine negativen Urteile gegenüber meinen Mitmenschen loszulassen zu können?
› Was glaube ich, getan zu haben, um diese Einsamkeit zu verdienen?
› Warum macht es mich so wütend, dass andere – im Gegensatz zu mir – nicht einsam sind?
› Warum lehne ich die Möglichkeit ab, allein glücklich sein zu können?
› Warum glaube ich, es verdient zu haben, ganz allein zu sein?
› Womit könnte ich – meiner Meinung nach – anderen Menschen schaden?
› Mit welchem Teil von mir / mit welchen meiner Charakterzüge fühle ich mich selbst unwohl?

- Was glaube ich, anderen zu ersparen, indem ich mich ihnen entziehe?
- Warum fällt es mir so schwer, auf andere Menschen zuzugehen?
- Was befürchte ich, wenn ich auf andere Menschen zugehe?
- Welches Verbot habe ich mir in Bezug auf den Umgang mit anderen Menschen selbst auferlegt?

Und schließlich:

- Was hilft mir dabei, mir Gemeinsamkeit, ein liebevolles Miteinander zu erlauben?
- Was unterstützt mich dabei, meine Isolation zu verlassen und wieder Vertrauen aufbauen zu können?

Widme dich nach und nach all diesen Fragen, auch wenn dir manche absurd erscheinen mögen. Es schadet auf keinen Fall, dich jeder dieser Fragen zuzuwenden. Lehne es nicht von vornherein ab, dich mit ihnen zu beschäftigen, sondern stelle sie – und achte dann auf dein Gefühl, ob diese Frage für dich zielführend ist. Ein unangenehmes Gefühl ist übrigens hier ein guter Indikator dafür, dass die Frage für dich sehr wohl relevant ist! Lass dich nicht von deinem Ego verführen, das deine Entscheidung für glückliche Beziehungen nur allzu gerne sabotieren möchte.

Einsamkeit als Schutzschild

Wie in ein paar der oben aufgeführten Fragen bereits angedeutet, kann Einsamkeit auch als Schutzschild dienen. Zwar beklagen wir uns darüber, so schrecklich allein zu sein und fühlen uns von der Außenwelt, also von den anderen Menschen, abgeschnitten. In Wahrheit aber wollen wir daran gar nichts ändern, weil wir diesen Zustand mehr schätzen als das, was wir fürchten, erleben zu müssen, wenn wir den Schutzschild aufgeben würden. Einsamkeit kann unter Umständen tatsächlich so fungieren. Wie das?

Es geht auch in diesem Fall darum, dass wir bestimmte Gefühle vermeiden wollen. Beispiele hierfür wären Ablehnung, Verachtung, Geringschätzung, Herabwürdigung, respektlose Behandlung oder auch der Schmerz, wenn wir verlassen werden. Da wir in der Vergangenheit solche Gefühle bereits erfahren haben, versuchen wir nun, sie zu vermeiden, weil die damals sehr schmerzhaft waren. Da die Erfahrungen in der Interaktion mit anderen Menschen gemacht wurden, kann eine mögliche »Lösung« des Egos sein, dass wir einfach den (engen) Kontakt zu anderen Menschen vermeiden und daher lieber allein bleiben. Oder aber wir mischen uns

kräftig unters Volk, vermeiden es aber tunlichst, uns dabei emotional tiefer gehend auf andere einzulassen.
Auf Außenstehende wirken wir dadurch oft unnahbar, was wir ja tatsächlich dann auch sind bzw. sein wollen. Zwar versuchen wir einfach, unsere Unsicherheit und Abschottung hinter einem fröhlichen Lachen, einer riesigen Geselligkeit oder auch hinter der Rolle des »Gruppenkaspers« zu verstecken. Manchmal spielen wir diese Rolle sogar so perfekt, dass wir selbst nicht mehr merken, dass unser Verhalten nicht authentisch ist. Doch hinter dieser Maske steckt eine enorme Einsamkeit, die gewollt ist, um eben Schmerz zu vermeiden. »Wer sich nicht einlässt, kann nicht verlassen/verletzt werden«, so das Credo des Egos. Dabei vergessen wir, dass wir uns durch diese künstlich aufrechterhaltene Trennung in jeder einzelnen Sekunde selbst verletzten. Denn unsere wahre Natur ist Verbundenheit – was ein gesundes Maß an Alleinsein keinesfalls ausschließt. Hierbei geht es um die innere Haltung, das Gefühl, nicht um die äußeren Gegebenheiten. Ich kann auf einer Fläche von 100 Quadratkilometern der einzige Mensch sein – und mich dennoch mit allen verbunden fühlen. Oder umgekehrt.

Trennung erzeugt Schmerz,
Einlassen erzeugt Verbundenheit.

Die Angst vor Einsamkeit als Lebensfreudekiller

Einsamkeit, auch wenn sie nur eine Illusion ist, hat, wie bereits besprochen, viele Gesichter. Sie ist deshalb eine Illusion, weil wir in Wahrheit alle miteinander verbunden sind. Die aus verschiedenen Gründen selbst gewählte Isolation erzeugt nun aber das schmerzhafte Gefühl, einsam zu sein – ob man nun allein ist oder unter Menschen. Dass »Einsamkeit« und »Alleinsein« zwei ganz verschiedene Dinge sind, kann man mit einem einzigen Blick auf unsere Großstädte erkennen, in denen Millionen von Menschen auf relativ engem Raum leben und gleichzeitig Einsamkeit ein weitverbreitetes Phänomen ist. Dies ist – so man denn einen braucht – der Beweis dafür, dass es die Menschen selbst sind, die sich isolieren. Denn nirgendwo ist das Angebot für Singles und sich einsam fühlende Menschen in puncto Kennenlernen/Unternehmungen größer als in Großstädten. Ob man diese auch nutzt, ist jedermanns eigene Entscheidung. Der vermeintlich Einsame kommt aber erst gar nicht auf die Idee, neue Menschen kennenlernen zu wollen bzw. findet Gründe, warum er dort nicht hinwill oder er behauptet, dass bei solch einer Veranstaltung ohnehin »nur Doofe« mit dabei wären, weshalb man es auch gleich lassen könne. So verhindert sein Ego erfolgreich, dass er mit anderen Menschen neue Kontakte knüpft, und sorgt stattdessen dafür, dass er in seiner Einzelhaft bleibt, die vermeintliche Sicherheit vor Enttäuschungen und Verletzungen verspricht.

Neben der gefühlten Einsamkeit gibt es aber noch eine weitere Blockade, die einen Menschen davon abhalten kann, seine Zeit hier, auf der Erde, in echter Verbundenheit und voller Lebensfreude zu verbringen. Es ist die Angst vor der Einsamkeit. Das bedeutet, dass auf die Blockade der Einsamkeit nun eine weitere gepackt wird. Dieser Mensch fühlt sich in erster Linie noch nicht einmal einsam, zumindest im Moment nicht. Er hat vielmehr Angst davor, dass er sich unter bestimmten Umständen einsam fühlen könnte. Diese Angst

kann nun beispielsweise in den totalen Aktionismus führen. Ablenkung um jeden Preis. Arbeit von morgens bis abends oder aber auch Unternehmungen mit Freunden und Bekannten am laufenden Band. Der häufigste Preis, der hierfür zu bezahlen ist, ist dann der Verlust unserer Gesundheit. Wir arbeiten uns krank, um uns keinesfalls zu spüren. Wir machen Party, bis der sprichwörtliche Arzt kommt. All das, um das Loch in unserer Seele konsequent zu verdrängen. Wie viele träumen davon, einmal eine Auszeit zu nehmen – und fürchten sie in Wahrheit wie der sprichwörtliche Teufel das Weihwasser! Wenn ich Menschen auf Vorträgen begeistert über die Möglichkeit eines Vipassana-Meditationskurses erzähle, der neben dem Kurs auch noch freie Unterkunft und freies Essen (ggf. gegen eine Spende am Ende des Kurses) bietet, sehe ich meist in erschrockene Gesichter. Was? Zehn Tage lang mit niemandem reden? Zehn Tage lang niemandem in die Augen sehen? Keine Mails, keine Anrufe? Von morgens bis abends allein mit den eigenen Gedanken und Gefühlen, die dann hochkommen? Oh Gott!

Genau das ist es. Wir fürchten uns davor, uns zu spüren, uns wahrzunehmen. Wir schuften lieber in einem Hamsterrad und beklagen uns genau darüber, anstatt die Möglichkeit zu nutzen, Zeit für uns zu haben, uns einmal uns selbst zuzuwenden. Die Ausrede, die ich bezüglich des Meditationskurses oft höre, ist zunächst: »Zehn Tage Meditationskurs? Das kann ich mir nicht leisten.« Wenn die so Argumentierenden dann hören, dass man im Falle von Geldmangel nichts bezahlen muss, und dazu sogar noch Unterkunft und Essen bekommt, folgt nach einer ca. dreisekündigen Ego-Denkpause: »Du hast das in Thailand gemacht? Da kann ich nicht hinfahren.« Aber es gibt auch in Deutschland und in der Schweiz Zentren! »Ach so? Toll. Leider habe ich nicht 10 Tage Zeit, weil … ich Kinder habe, … ich nicht so viele Urlaubstage habe, … ich meine Mutter nicht allein lassen kann, … sie gepflegt werden muss, … mein Auto kaputt ist …

Ich könnte diese Liste der »Gründe« mittlerweile schon runterbeten und den Leuten Zettel mit vorgefertigten Ausreden anbieten. Sie müssten nur noch ein Kreuzchen an der entsprechenden Stelle machen. Für meine Facebookseite habe ich, als Denkanstoß, hierfür einmal ein sogenanntes Komfortzonen-Bullshit-Bingo entworfen. Dort sind die beliebtesten Ausreden, die man benutzen kann, um nichts in seinem Leben ändern zu müssen.

Dir fehlt ein »handfester« Grund, um alles beim Alten zu lassen? Bitteschön! Hier für dich eine kleine Auswahl des Best-ofs:

DAS KOMFORTZONEN-BULLSHIT-BINGO

Die hat ja leicht reden!	Ich würde ja wirklich, aber ...	Das steht eben nicht in meinem Seelenplan.	Was soll man denn da auch machen?
Ich glaube, ich muss da einfach noch mehr Geduld haben. *(Wie viel noch?)*	Ich habe Kinder.	Ich habe einen Hund/ eine Katze/ ...	Dafür bin ich einfach zu alt/ zu jung.
Dafür fehlt mir leider die Zeit.	Das kann ich mir nicht leisten.	Dafür bin ich nicht gut genug.	Ich brauche erst noch einen Abschluss in...
Mir traut das keiner zu.	Niemand unterstützt mich.	Ich weiß nicht, wie.	Das ist völlig unrealistisch!

Aber es gibt auch diejenigen, die wirklich Veränderung wollen. Die nicht nur davon reden. Die Selbsthilfebücher nicht nur lesen, sondern die Tipps darin in die Praxis umsetzen. Die bereit sind zu investieren – sei es in Form von Geld, Zeit oder Mut. Sie schmeißen diese ganze Liste über Bord und ersetzen sie durch: »Ich mach's!« In unserem Fall bedeutet das: Ich stelle mich meiner verdrängten Angst vor Einsamkeit! Ich stelle mich diesem gefühlten, tiefen, dunklen Loch in mir und wende mich ihm zu, statt weiterhin unendlich viel Kraft darauf zu verwenden, wegzusehen.

Diese Menschen werden sicher eine Verbesserung ihrer Situation bzw. ihres Erlebens finden. Weil sie sich für Heilung entscheiden. Weil sie nicht nur reden, sondern handeln. Weil sie innerlich und vielleicht auch im Außen dem Leben signalisieren: Die Zeit der Verzögerung ist vorbei! Hier bin ich, ich stelle mich meinen Ängsten!

Wer gegen seine Ängste ankämpft, der nährt sie.
Wer sich ihnen stellt und ihnen ins Gesicht blickt,
der kann erkennen, dass sie in Wahrheit
nur Gaukeleien des Egos waren.

Mit der Angst vor Einsamkeit ist das kein bisschen anders. Wir sterben nicht, wenn wir uns einsam fühlen. Wenn überhaupt jemand stirbt, dann nur unser Ego. Ja, es ist das Ego, das stirbt, wenn wir uns nach innen wenden, um dort die Wahrheit zu finden. Was bleibt, ist das tiefe, sichere Gefühl, in Wahrheit mit allem und jedem verbunden zu sein. Eine Verbundenheit, die niemals geendet hat. Die niemals enden wird. Weil sie nicht enden kann. Dies in seinem Inneren zu fühlen, ist der Trost, nach dem wir alle schon so lange gesucht haben.

Dies zu wissen, bringt noch keine Heilung. Es zu erfahren, hingegen schon.

Doch sorgt das Gefühl von Einsamkeit nicht nur für die eigene geringe oder nicht spürbare Lebensfreude. Oftmals führt uns die Angst vor dem Gefühl der Einsamkeit dazu, andere Menschen manipulieren zu wollen – und so auch dafür zu sorgen, dass diese ebenfalls nicht glücklich sind. Das kann mitunter sehr seltsame Blüten treiben. »Einsam« meint dabei nicht nur das Gefühl, niemanden auf der Welt zu haben und im Außen von anderen getrennt zu sein. Wie bereits besprochen kann Einsamkeit aus Gefühl sich auch in Gesellschaft anderer zeigen. So kann es auch sein, dass das Gefühl, einsam zu sein, sich darauf bezieht, in einer Sache der oder die Einzige zu sein, den oder die eine Sache (im Umfeld) betrifft. Ob das extremer Erfolg ist[8] (den mehr Menschen fürchten, als den meisten bewusst ist) oder die Angst

8 Nicht ohne Grund ist der Spruch/Glaubenssatz »It's lonely at the top« (= »Es ist einsam an der Spitze«) so locker in den deutschen Sprachgebrauch eingegangen.

davor, in der eigenen Familie ein Außenseiter zu sein und sich dadurch einsam zu fühlen. Doch was bedeutet das, ein »Außenseiter« zu sein? Kurz gesagt geht es nur darum, anders zu sein als die anderen Gruppenmitglieder. Nicht umsonst finden viele Menschen Trost, wenn sie im Internet auf Foren stoßen, wo sich Gleichgesinnte tummeln, zu welchem Themenbereich auch immer. In der eigenen Familie kann ich »anders« sein, weil ich bestimmte Fähigkeiten habe, die sonst keiner (erkennbar) hat; weil ich eine auffallend andere Figur habe als andere; weil ich viel intelligenter/weniger gebildet bin als der Rest; weil man sich weigert, sich emotional in das gewünschte Bild einzufügen, also zum Beispiel seine Aggressionen auslebt, anstatt nach Außen Harmonie zu demonstrieren wie die anderen. Die Möglichkeiten sind unendlich vielfältig. Und doch eint alle Außenseiter der gleiche bzw. ein ähnlicher Schmerz: die Idee, einsam zu sein. Einsam unter Menschen, denen man eigentlich nah ist bzw. sich nah fühlen sollte. Und manchmal kommt es auch vor, dass man meint, die anderen, seien es Familienmitglieder oder »Freunde«, würden einen runterziehen durch ihre Kritik, ihre Negativität, ihr Unverständnis.

Du kennst solche Menschen, die versuchen, dich runterzuziehen? In deren Gegenwart du es dir nicht erlaubst, glücklich zu sein? Die dafür sorgen, dass deine gute Laune im Nu schwindet? Nun, dann hat diese Person ganz klar ein Thema, das geheilt werden kann. Und du ebenfalls. Denn niemand, niemand hat die Macht, dich nach unten zu ziehen und deine Lebensfreude zu trüben, wenn du nicht – auf unbewusster oder bewusster Ebene – dein Einverständnis dazu gibst. So seltsam es klingen mag: Auch du hast einen Gewinn davon, dich nach unten ziehen zu lassen. Vielleicht trägst du selbst Schuldgefühle in dir, die dir einreden, es ginge nicht an, glücklich zu sein, wenn anderen unglücklich sind. Und indem du dir verbietest, glücklich zu sein, bestrafst du dich »angemessen« und darfst dich so trotz deiner Schuld wieder besser fühlen (wobei »besser« hier natürlich relativ ist). Dabei wäre es genau dein Glücklichsein, das dem anderen dabei helfen könnte, sich in Sachen Wohlfühlen bzw. Lebensfreude nach oben zu ziehen!

Vielleicht genießt du es auch, dich gebraucht zu fühlen? Dabei bist du es, der unter diesen Umständen (also wenn du dich so fühlen willst) den anderen Menschen (ge)braucht! Oder aber du gehst ins Mitleid, trägst dabei aber tief in dir die Angst, dir könnte es eines Tages ebenso ergehen. Und dann würdest du erwarten, dass sich auch jemand deiner annehmen würde. »Prophylaktisch« tust du dies jetzt schon einmal – und läufst damit in die nächste Ego-Falle.

Unser Ego ist unendlich erfinderisch im Erschaffen neuer Spiele. Mach dir aber bewusst, dass es das Recht eines jeden einzelnen Menschen ist, glücklich zu sein – ungeachtet dessen, für welche Gefühlslage sich andere entscheiden. Denn das ist es: Glücklichsein ist eine Entscheidung. Und diese kann, darf und muss jeder für sich treffen. Es geht dich schlichtweg nichts an, wofür der andere sich entscheidet. Du kannst dir aber sicher sein: Je authentischer du von innen heraus leuchtest, desto mehr werden Menschen auf dich bzw. dein Glück aufmerksam – und möchten ebenfalls glücklich sein. Umgekehrt wird das nicht passieren. Wenn du die Einsamkeit der anderen nährst, indem du dich mit ihnen zusammen in die Einsamkeit hineinmanövrierst, ist keinem geholfen. Mitleid ist eine der größten Wachstumsblockaden – für alle Beteiligten.

Überlege dir also gut: Möchtest du ein Gemeinsam-mit-anderen-einsam-Sein pflegen oder möchtest du dazu beitragen, dass es allen gut gehen kann, indem du beginnst, deine Themen zu heilen? Dazu braucht es, in beiden Fällen, deine bewusste Entscheidung. Und zwar eine ernst gemeinte.

Abschied von der Einsamkeit

Bewussts(ch)ein statt Marionette

Manchmal glauben wir, alles schon ganz klar erkennen zu können. Weil wir ja so unendlich viel wissen. Und merken dabei nicht, dass wir uns mehr in einem Bewussts(ch)ein denn im tatsächlichen Bewusstsein befinden. Wissen zu erlangen, kann sehr hilfreich sein. Wenn wir es aber versäumen, unsere Weisheiten vom Kopf ins Herz wandern zu lassen bzw. wenn wir Wissen immer nur im Außen suchen und nicht in unserem Inneren, wird uns das nicht wirklich weiterbringen. Dies gilt auch für das Thema Einsamkeit.

Konkret bedeutet das für dich: Dieses Buch zu lesen ist die eine Sache. Das Gelesene zu verstehen, dabei zu nicken und zu sagen: »Ja, da hat sie wohl bei dem einen oder anderen Punkt recht.« – was meinst du, was dir das bringen wird? Richtig: faktisch gar nichts. Außer, dass dein Kopf einmal mehr voll mit theoretischem Wissen ist.

Die Frage ist doch vielmehr: Bist du bereit, wirklich etwas zu verändern? Bist du bereit, die notwendigen Schritte zu unternehmen, um dich aus deiner dir selbst auferlegten Isolation vom Rest der Welt[9] zu entlassen, in deinem Inneren, deinem Denken und Fühlen, wie auch im Außen? Bist du bereit, dich deinen damit verbundenen Ängsten, Schmerzen und alten Wunden zu stellen und sie ein für alle Mal heilen zu lassen? Oder willst du länger die Marionette deiner alten Denk- und Verhaltensweisen sein, nach deren Fäden, also Mustern, du im Leben herumhängst, anstatt wirklich, wahrhaftig zu leben, in Frieden, Verbundenheit und Liebe?

Triff hier und jetzt eine ganz klare, ernst gemeinte Entscheidung! Wenn du nicht mehr einsam sein willst, dann entscheide dich dafür, alle Gedanken– und Verhaltensmuster loszulassen, die damit verbunden sind! Und stell dich darauf ein, dass sich dein Leben ab dem Moment, in dem du diese Entscheidung getroffen hast, verändern wird. Schritt für Schritt. Zum Beispiel, indem die Menschen, die dann in dein Leben treten, deine Themen aktivieren, sie antriggern und die dir so zeigen: Schau einmal, hier kannst du noch etwas heilen! Das mag nicht immer angenehm sein. Manchmal ist das sogar sehr hart. Doch das Ziel ist es allemal wert! Du solltest dir den alten Schmerz lieber ins Bewusstsein holen und

9 Noch einmal: Dein Ego mag bei dieser Formulierung rebellieren. Vielleicht wirst du sogar zornig, wenn du liest, dass du dir deine Einsamkeit selbst erschaffen hast. Das ist aber, und das solltest du dabei nicht vergessen, deine große Chance, etwas zu ändern. Denn wenn du dir bewusst machst, dass dein jetziger (Gefühls-)Zustand das Ergebnis von hundert, ja, tausend eigenen Entscheidungen war, dann spürst du gleichzeitig auch, dass du selbst es bist, der etwas verändern kann! Verantwortung für das, was ist, zu übernehmen, bedeutet im gleichen Atemzug, die Macht über das eigene Leben zurückzuerlangen.

ihn so heilen, als weiterhin im Bewussts(ch)ein zu schlafen, unglücklich, einsam und frustriert. Denn je mehr dich dein Unbewusstes, deine Egos und dein sogenannter Verstand (der in Wahrheit auf deine Muster und Prägungen zurückgreift) steuern, umso mehr bist du nichts weiter als deren Marionette, die sich bestenfalls einzureden versucht, dass sie freie Entscheidungen trifft. Im Fall von gefühlter Einsamkeit bedeutet das, dass du dich weiterhin bedauern wirst. Dass du dich weiterhin einsam fühlen wirst. Und dass du, Mal um Mal, Gott, das Leben, die Liebe dafür anklagen wirst, dich vergessen zu haben. Das kannst du machen, natürlich. Es ist deine Wahl. Aber glücklich machen wird dich das vermutlich (auch weiterhin) nicht – und es wird dich schon gar nicht zu einem Gefühl der Verbundenheit führen. Hat es bislang ja auch nicht, oder?

Sich das Worst-Case-Szenario ausmalen

Was ist deine größte Angst, wenn es um das weite Feld des Themas »Einsamkeit« geht? Dass du immer allein bleiben wirst? Dass du nie einen Partner findest, der dich so liebt, wie du bist? Dass du es wagst, unter Menschen zu gehen und dort (wieder) Ablehnung erfährst? Dass dich weiterhin niemand sieht? Dass andere erkennen, wie du in Wahrheit bist und sie dich dann auslachen, schneiden und meiden?

Was auch immer deine größte Angst ist oder welche Ängste dich im Zusammenhang mit dem Thema Einsamkeit plagen – nimm dir einmal die Zeit, dir deine schlimmsten Horrorszenarios bewusst auszumalen! Ja, du hast richtig gelesen. Falls du ein Anhänger/eine Anhängerin von Affirmationen und positivem Denken bist, dann entspanne dich bitte! Denn vom einmaligen »Ich bin Millionär/-in!«-Denken wirst du ja schließlich nicht gleich reich. Also kannst du dir auch einmal das Schlimmste vorstellen, ohne dass es gleich eintritt, meinst du nicht?

Wieso solltest du das tun? Ganz einfach: Häufig vermeiden wir es, uns mit unseren Ängsten bewusst auseinanderzusetzen. Wir verdrängen sie, wollen uns gar nicht vorstellen (!),

wie unser Leben dann wäre. Und kehren so die Angst unter den Teppich. Was aber nicht zur Lösung des Problems führt, sondern im Gegenteil: Du trägst die Angst weiter mit dir herum, malst dir die Horrorszenarios ohnehin die ganze Zeit über in deinem Unterbewusstsein aus, lässt sie durch Verdrängung immer größer werden und wunderst dich dann, warum du so einen negativen Zustand oder ein negatives Gefühl, wie Einsamkeit, in dein Leben ziehst bzw. warum du mit entsprechenden Situationen (zum Beispiel wieder und wieder erlebte Ablehnung) in Resonanz gehst. Also ist es sehr sinnvoll, sich das Aller-, Allerschlimmste einmal auszumalen, damit du verstehst, was genau du eigentlich wirklich fürchtest. Bist du bereit dazu? Dann leg jetzt los! Nein, nicht morgen. Nein, nicht später. Jetzt! Es gibt in Wahrheit nichts, nichts auf dieser Welt, was für dich wichtiger wäre, als heiler zu werden. Als dir näherzukommen. Nein, egal, was du jetzt anführst: Nichts ist wichtiger als deine Arbeit an dir selbst! Und auch wenn du es eben noch einmal versuchen solltest, eine Ausrede zu finden: Auch deine Kinder sind (zunächst einmal) keine Ausrede. Benutze deine Kinder, deine Arbeit oder deine pflegebedürftigen Eltern nicht als Entschuldigung, um dich vor der Reinigung deines Geistes, deines Unterbewussten zu drücken. Klingt hart, meine ich aber genau so. Welches größere Geschenk könntest du deinen Kindern oder Eltern, deinen Kollegen, Vorgesetzten oder Kunden machen als das, dass du glücklich und erfüllt wärst? Dann hörst du damit auf, andere in bestimmte Rollen hineinzudrängen, um deine Muster ausleben zu können. Genau das tun wir, Tag für Tag. Und darum fühlen wir uns auch in der Gegenwart mancher Menschen einfach freier, lebendiger, klarer, weil das Menschen sind, die uns aufgrund ihrer eigenen Klarheit nicht mehr bestimmte Rollen aufzuzwingen. Umgekehrt sind die unangenehmsten Zeitgenossen unsere klarsten Spiegel. Mach aus dieser schlauen Theorie gelebtes Wissen! Nutze all die Spiegel, in die du hineinschaust, um deinen Geist zu reinigen! Und du wirst sehen: Je mehr du an deinen Ängsten und Schuldgefühlen arbeitest, die dem Thema (verdrängte) Einsamkeit eventuell zugrunde liegen, umso verbundener wirst du dich fühlen – mit den anderen Menschen, anderen Lebewesen, letztlich allem, was ist. Und alle Menschen um dich herum werden von dir auf unbewusster oder sogar bewusster Ebene die Erlaubnis erhalten, sich dir mehr zu nähern – oder aus deinem Dunstkreis ganz zu verschwinden, sei es, indem du das klar kommunizierst oder sie von sich aus nicht mehr deine Nähe suchen. Auch das darf man erlauben. Doch was dir deine Angst auch immer zu sagen versucht: Du wirst niemals allein sein. Das ist unmöglich. Denn du bist, warst, wirst immer verbunden sein mit allem, was ist.

Bist du bereit dazu, das mehr und mehr wieder fühlen, erleben zu können?

Dann leg jetzt das Buch zur Seite, und male dir deine schlimmsten Szenarios aus! Und wenn du meinst: »Jetzt, jetzt ist der allerschlimmste Punkt erreicht! Das ist mein größter Albtraum!«, dann stelle dir die Frage: »Und dann?« Mach dir bewusst, was diese Situation bedeutet. Hörst du sofort auf zu atmen? Fällst du tot um? Verfällst du in eine Depression? Wirst du verarmen? Völlig vereinsamen? Dann frage weiter: »Und dann?« Frage dich das so lange, bis dir klar wird: Es geht immer, immer, immer weiter! Dein Ego will dich nämlich vom Gegenteil überzeugen. Es möchte dich glauben machen, dass du sterben würdest, wenn dieser Fall jemals einträte. Das ist zum einen Quatsch, aber wir glauben ihm trotzdem. Zum anderen bedeutet das letztlich auch, dass wir Angst vor dem Tod haben. Ein Mensch, der keine Angst mehr vor dem Tod hat, der fürchtet nichts mehr, zumindest keine theoretischen Zukunftsszenarios.

Ich kenne Menschen, die in diesem Leben bereits tot waren, also sogenannte Nahtoderlebnisse hatten. Sie wissen, aus Erfahrung, nicht aus Büchern, dass es in Wahrheit nichts zu fürchten gibt. Nun ist es nicht für uns alle vorherbestimmt, ein bewusstes Nahtoderlebnis zu haben. Doch wir haben die Macht dazu, Angst um Angst aufzulösen und so dem Zustand der Befreiung näherzukommen. Das mag ein langer Weg sein. Aber es lohnt sich, ihn zu gehen. Und mit jeder losgelassenen Angst bist du freier.

Beginne für den Anfang nun damit, dich wieder und wieder zu fragen: »Und dann?« Du wirst sehen: Irgendwann fällt auch deiner blühenden Fantasie nichts mehr ein, womit sie dich noch erschrecken könnte.

Mithilfe dieser Methode komme ich mit Klienten bei der Beratung und dem Lösen von alten Mustern immer wieder zu verblüffenden, sehr befreienden Ergebnissen. Genau das wünsche ich dir auch. Jetzt!

Neue Geschichten schreiben

Fertig mit der oben aufgeführten Übung? Hast du das Lesen zugunsten deiner Arbeit an deinem Bewusstsein unterbrochen? Ich hoffe, durch die wiederholte Frage »Und dann?« ist dir klar geworden, dass es immer weitergeht. Auch in den einsamsten aller Stunden. Auch dann, wenn dich scheinbar niemand haben zu wollen scheint. Auch dann, wenn du dich selbst nicht leiden kannst. Denn das ist alles nicht wahr! Es ist nicht real! Darum wird es auch immer weitergehen. »Na toll«, sagst du jetzt vielleicht verärgert, »ich will aber nicht, dass es einfach weitergeht. Im Gegenteil! Ich habe die Nase voll davon! Es soll sich alles ändern. Wozu hätte ich dieses Buch denn sonst gekauft?« Richtig! Darum wird es auch Zeit, dass du neue Geschichten schreibst.
Jetzt.

Was du brauchst, um Veränderung in dein Leben zu ziehen, ist, dass du die Veränderung fühlst. Alles, was du in dir fühlen kannst, ziehst du an. Der Schlüssel zu deinem als positiv oder negativ empfundenen Gefühlszustand sind nun einmal deine Gedanken und die daraus resultierenden Gefühle (auch die verdrängten). Daher ist es nur manchmal, in manchen Fällen sogar nie, zielführend, ausschließlich positiv formulierte Sätze zu wiederholen. Denn oftmals belügen wir uns damit schlichtweg. Wenn ich mich absolut einsam fühle, allein bin, und in den Spiegel schaue, während ich sage: »Ich bin beliebt. Ich habe viele, tolle Freunde«, ist alles, was passiert, dass ich weiß, dass ich mich gerade anlüge. Und damit gelangt eine ganz andere Botschaft in mein Unterbewusstes: »Es ist eine Lüge, dass ich beliebt bin und viele, tolle Freunde habe.« Das ist nicht gerade das, was du eigentlich wolltest.

Anders ist es jedoch, wenn du dich hinsetzt und in deinem Inneren ein Bild entstehen lässt, in dem du ein völlig anderes Leben hast. Ein Leben, das dir zum Beispiel einen Grillabend mit tollen Leuten beschert, wobei du inmitten der Gruppe bist, ein selbstverständlicher Teil davon. Wenn du dir dann vorstellst, wie alle gern auf dich zukommen und dich zum Beispiel bitten, doch noch einmal die witzige Geschichte aus dem letzten Urlaub, den du mit deinem Kumpel oder deinem Mann verbracht hast, zu erzählen. Wenn du dir vorstellst, was für wundervolle Menschen das sind, zu denen du offenkundig dazugehörst, dann wird in dir ein Gefühl entstehen. Ein warmes, weiches, erfüllendes Gefühl. Du wirst beginnen, dich glücklich zu fühlen – und sei es auch nur, weil dir dieses Bild, wenn auch nur für ein paar Sekunden, ein kleines Lächeln entlockt. Was immer in dir Positives entsteht: Sag dazu »Ja!« Sag »Ja« zu diesem Gefühl, zu diesen Vorstellungen! Mach dir bewusst, dass dieses Bild vom Grillabend eine Vision ist, die dir als Motor dient, die aber nicht genau so

aussehen muss in der Zukunft. Löse dich davon, dass es genau diese Menschen sein müssen, die du momentan in deiner Fantasie siehst! Denn alles, was wirklich zählt, ist, wie du dich dabei fühlst, wenn du dir das so vorstellst. Wenn dieses Bild in dir ein Gefühl von Verbundenheit, von Gemeinschaft erzeugt, dann ist es das Gefühl, das du bislang wohl vermisst hast. In dem Moment, in dem es für dich im Leben erfahrbar wird, spielt es absolut keine Rolle mehr, wer dabei ist, wo du bist oder was du tust. Denn du wolltest dieses Gefühl – und nicht etwa eine ganz bestimmte Situation –, auch wenn dein Ego dir jetzt wieder etwas anderes erzählen will. Das Ego klammert sich nämlich gerne an bestimmte Menschen oder

Dinge. »Aber ich will, dass es dieser Mann ist! Aber ich will, dass ich dann in Südfrankreich dieses Haus habe, mit genau diesen Freunden um mich herum!« Der Satzanfang »Aber ich will« kommt nicht aus deinem Herzen, deinem Selbst. Er stammt von deinem Ego. Und das führt dich ja bekanntermaßen nicht ans wahre Ziel, also die Verbundenheit, die Gemeinschaft und in gelebte Liebe, ins Nehmen und Geben. Im Gegenteil, es sorgt dafür, dass du dich davon entfernst bzw. entfernt bleibst. Natürlich ist der Wunsch nach einem Gefühl letztlich auch der Wunsch des Egos, das es irgendwann zu überwinden gilt. Aber ich denke, dass wir uns dem großen, finalen Ziel der endgültigen Befreiung allen Leidens Schritt für Schritt nähern dürfen. Und bis es soweit ist, darf es uns gut gehen, auf allen Ebenen. Ja, ich denke sogar, das ist der notwendige Zwischenschritt für die meisten von uns, da wir nur so die Lektion lernen können, auch das scheinbar Freudvolle[10] loszulassen. Insofern erweist du dir einen großen Dienst, wenn du erst einmal dafür sorgst, auf dieser Ebene glücklich zu sein. Wenn du dich aus deiner gefühlten Einsamkeit entlässt und in die Gemeinschaft von uns Menschen eintauchst.

Ist deine empfundene Einsamkeit etwa an das Fehlen eines Partners oder einer Partnerin geknüpft? Kann es sein, dass du vielleicht jemanden Bestimmten im Auge hast? Du denkst: »Wenn ich mit diesem Menschen eine Liebesbezie-

10 Scheinbar meint hier: das Freudvolle, das nicht dauerhaft von Bestand ist.

hung hätte, dann wäre ich glücklich! Dann wäre es vorbei mit dem Gefühl der Einsamkeit!« Was du dir von genau diesem Menschen aber versprichst, ist, dass er oder sie es vermag, dir dieses positive Gefühl des Glücklichseins zu schenken. Du denkst, dieses Gefühl geht als Geschenk mit diesem Menschen einher. Das ist so aber nicht richtig! Es mag sein, dass die Anwesenheit eines anderen dich für eine Weile über deine innere Einsamkeit hinwegtäuschen kann. Doch wenn dem so ist, wird ein neues Gefühl in dir entstehen: Verlustangst. Du wirst eine Zeit lang glücklich sein, aber dann Angst davor haben, dass dieser Menschen (auch wieder) aus deinem Leben verschwinden könnte. Wieso? Weil du tief in dir spürst, dass all diese guten Gefühle nur »geliehen« sind. Dass sie an die Anwesenheit eines anderen geknüpft sind. Und dass damit deine alten Ängste und Verletzungen nicht geheilt, sondern einfach überdeckt werden. Akzeptierst du aber, dass es nur darum geht, in dir ein bestimmtes Gefühl entstehen zu lassen, es aus seinem Dornröschenschlaf aufzuwecken, dann bist du offen dafür, wie das stattfinden könnte. Vielleicht kommt dann ein bestimmter Mensch in dein Leben – und bleibt. Vielleicht aber auch nicht. Wenn du dich allerdings glücklich und verbunden fühlst mit dem Leben und deiner Situation, wird das keine Rolle mehr spielen. Du bist frei. Und Einsamkeit war gestern. Denn im Anschluss kannst du erkennen, dass Einsamkeit ein Gefühl ist, das nicht nur dann verschwindet, wenn andere Menschen in deinem Leben sind. Einsamkeit wird gelöst, indem man die eigene innere Leere und die eigene Abtrennung von allem und jedem heilt. Dazu gilt es, sie bewusst wahrzunehmen, statt sie wegzudrücken. Ein Schritt, den viele sich einsam fühlende Menschen scheuen.

Bist du bereit, dich dafür zu entscheiden? Magst du neue Geschichten schreiben, die in dir ein Gefühl auslösen, das deine bisher empfundene Einsamkeit löst und ersetzt? Bist du offen dafür, zu diesem Gefühl »Ja!« zu sagen, ungeachtet dessen, wie es für dich Realität wird?

Worauf wartest du dann noch?
Auf geht's zu neuen Ufern, zu neuen Geschichten,
zu wahrem Glück!

Fühlen statt verdrängen

Ein wichtiger Schritt hin zu liebevollen und aufrichtigen Verbindungen, die nicht auf purer Abhängigkeit basieren, liegt darin, bewusst zu fühlen, wie es dir geht. Eine wichtige Übung, die du regelmäßig machen kannst, ist, dich hinzusetzen, die Augen zu schließen und dich zu fragen: »Wie geht es mir? Wie geht es mir gerade, in diesem Augenblick?« Beantworte diese Frage nicht mit dem Kopf, sondern spüre in dich hinein. Fühlst du dich »neutral«? Traurig? Leer? Fröhlich? Zornig? Die meisten Menschen erleben bei dieser sehr simplen Übung, wenn sie sie ernst nehmen, wie schwer es ihnen tatsächlich fällt, die eigenen Gefühle wahrzunehmen. Zu sehr sind sie seit Jahrzehnten darauf geeicht, allein ihrem Verstand zu vertrauen und das Fühlen in die zweite Reihe zu verbannen. Tatsächlich ist es ein wichtiger erster Schritt, dein Fühlen wieder zuzulassen. Dabei gilt: Niemand kann diese Gabe wirklich verlieren. Das geht nicht. Denn es ist unsere Natur zu fühlen. Vielleicht haben wir es uns abtrainiert, abgewöhnt, es verlernt. Doch das kann sich ändern – wenn du dich dafür entscheidest. Das setzt voraus, dass du dich dir wieder und wieder achtsam und voller Mitgefühl zuwendest. Noch einmal: Mitgefühl, nicht mit Mitleid! Das ist ein sehr großer Unterschied!

Fassen wir es noch einmal zusammen:
Wer sich leidtut, weil er so allein ist, der fällt auf sein Ego herein. Das will uns weismachen, dass wir getrennt von allen anderen wären. Und natürlich auch, wie schlimm das ist. Dabei sitzen wir einer Lüge auf. Wir sind es, die sich aufgrund unterschiedlichster Lebenserfahrungen irgendwann, irrtümlicherweise, für die Trennung entschieden haben. Oder besser gesagt: Wir haben uns dafür entschieden, zu glauben, dass wir getrennt seien. Ja, mehr noch: Wir wollten es sogar sein! Zu groß schien die Angst, einmal mehr solchen Schmerz zu fühlen. Verlust, mangelnde Wertschätzung, Hass, Ablehnung – die Liste ist lang. Dabei spielt es keine Rolle, was wir erlebt haben. Das ist eine Geschichte, die in der Vergangenheit liegt und die uns längst nicht mehr interessieren müsste. Indem wir aber eine Angst entwickelt haben, dass uns so etwas wieder passieren könnte, hat dieses längst vergangene Ereignis nach wie vor Macht über uns. Wir erlauben der Vergangenheit weiterhin, negative Auswirkungen auf unsere Gegenwart zu haben. Hat dich zum Beispiel vor vielen Jahren ein Partner verlassen, den du sehr geliebt hast, dann ist das eben so. Du hattest Liebeskummer, hast Monate, vielleicht Jahre gebraucht, um diesen Menschen loszulassen. Damit wäre die Geschichte zu Ende. Ist sie aber nicht, wenn du dadurch die Angst in dein Leben gelassen hast, so etwas könnte dir noch einmal passieren. Sie ist es, die dich hemmt, die dich davon abhält, dich auf einen anderen Menschen einzulassen – nicht das längst vergangene Erlebnis. Auch nicht das Verhalten dei-

nes damaligen Partners. Allein deine dadurch entstandene Angst (nicht das Erlebnis als solches!) hält dich nun davon ab, erneut eine innere Verbindung einzugehen. Und es liegt allein in deiner Macht, ob du bereit dazu bist, diese Angst loszulassen – mit allem, was dazugehört: der Enttäuschung, der Wut, dem Frust, dem Hass, der Traurigkeit.

Oft ist es äußerst wichtig, dir deine verdrängten Gefühle (dazu gehören auch Schuldgefühle) bewusst zu machen. Natürlich kannst du dich auch für Methoden entscheiden, bei denen du dies nicht tun musst. Es gibt unzählige Heilmethoden, die dir das Leben anbietet, um die alten Verletzungen loslassen zu können.[11] Allerdings hast du dich vermutlich aufgrund schmerzhafter Erfahrungen tatsächlich von deinem eigenen Empfinden und Fühlen abgeschnitten bzw. distanziert. Es ist heilsam, wichtig und deinem Ziel dienlich, wenn du wieder zu fühlen lernst. Auch, wenn es sich dabei um vermeintlich unangenehme Gefühle handelt. Beginnst du zu akzeptieren, dass sie da sind und dass sie ein Teil von dir sind, dann kann sich alles sehr schnell ändern. Da wir meist aber nicht wütend sein wollen oder traurig oder zornig, verdrängen wir das, was wir nicht spüren oder wahrhaben wollen. Was aber nichts besser macht.

11 Ein ganz wichtiger Schritt ist für viele Menschen beispielsweise die Hinwendung zum Inneren Kind. Hier leistet die Schirnerautorin Susanne Hühn zweifelsfrei wunderbare Arbeit.

Setz dich in aller Ruhe hin, und schließe deine Augen. Stell dir die Frage: »Wie geht es mir gerade?« Gib dir Zeit, um die Antwort wirklich zu fühlen! Es ist nicht wichtig, ob du das Gefühl mit einem Wort benennen kannst. Das möchte nur wieder der Verstand. Doch um den geht es hier nicht. Fühle, was du fühlst! Und sage zu jedem Gefühl, das sich dir zeigt, einfach »Ja!« Erkenne damit an, dass es da ist. Dass es ein Teil von dir ist.

Vielleicht hilft es dir, wenn du schmerzhafte Gefühle, also Verletzungen, mit körperlichen Schmerzen vergleichst. Nehmen wir an, du hast eine klaffende Wunde am Bein.

Würdest du sie einfach ignorieren? Würdest du behaupten, dass sie nicht da sei? Meinst du, die Wunde würde dadurch heilen? Vielmehr würdest du dich ihr doch zuwenden und dich darum kümmern, dass alles geschieht, damit die Wunde schnell heilen kann. Statt deine Schmerzen auszublenden, würdest du zum Beispiel die richtigen Salben besorgen. Du würdest herausfinden wollen, woran es liegt, dass du solche Schmerzen hast, und du würdest versuchen, wohl mithilfe eines Arztes, die Ursache zu heilen, beispielsweise eine bakterielle Infektion. Du würdest Sorge tragen für deine körperliche Verletzung. Und so würde sie schnell und ohne Komplikationen heilen.

Mit unseren Körpern gehen wir meist so sorgsam um! Davon, wie wir in unserem Kulturkreis mit unseren Autos umgehen, einmal ganz zu schweigen! Die werden ja sogar vorsorglich zum Kundendienst gebracht, auch wenn nichts kaputt ist. Das macht man halt, damit sie lange gut fahren und einen hohen Wiederverkaufswert haben. Würden wir unserer Seele so viel Aufmerksamkeit schenken wie unserem Körper und den materiellen Gegenständen, die uns so viel bedeuten – wie viel fröhlicher wäre unsere Welt! Und wie viele Menschen gäbe es dann, die sich miteinander verbunden fühlen würden, statt einsam und getrennt voneinander!

Geben statt nehmen

Es war ein Sonntagnachmittag. Kein besonderer Tag für mich. Ich lag auf meinem Bett, als mich plötzlich und völlig unerwartet eine Welle der Einsamkeit überrollte. Nie zuvor hatte ich dieses Gefühl in einer solchen Heftigkeit gefühlt. Erst jetzt konnte ich die Menschen verstehen, die tatsächlich unter Einsamkeit leiden.

Wie das nun einmal so ist, wenn einen das Drama packt, stieg auch ich zunächst auf diese Welle der Dunkelheit ein. Für eine ganze Weile tat ich mir furchtbar leid. Ich fühlte mich gleichzeitig ängstlich, weil ich, wie ein in die Ecke gedrängtes Tier, keinen Ausweg sah. Die offenkundige Lösung, nämlich mich unter Menschen zu begeben, neue Menschen kennenzulernen oder alte Bekannte zu besuchen, war keine Option. Ich hasste es, allein zu sein und ich hasste die Vorstellung, nach draußen zu gehen und mit anderen in Kontakt zu treten. Ein echtes Dilemma!

Nun war es aber so, dass ich zu diesem Zeitpunkt schon viele glücksverhindernde Themen aufgelöst hatte. Und je mehr man an sich arbeitet und sich dementsprechend auch besser versteht, umso schneller erkennt man irgendwann: »Hm, was läuft denn da ab? Das fühlt sich nicht nach Lebensfreude an. In welche Falle bin ich denn hier getappt?« Meine verschiedenen Lösungsmethoden gingen mir durch den Kopf, während ich mir gleichzeitig noch immer wahnsinnig leid tat. Aber ich traf eine Entscheidung. Und die fiel gegen das Leiden und Mich-selbst-Bemitleiden aus. Ich stellte mir die zielführende Frage: »Welche Methode, welche Lösung dient mir am effektivsten, um meine gefühlte Einsamkeit aufzulösen?« Sofort kam die Antwort: Heute würde es das Geben sein, das mir helfen würde. Geben. Einfach nur geben.

Was bedeutete das? Sollte ich hungernden Kindern in Afrika Geld überweisen? Nein, das war wirklich nicht gemeint. Vielmehr geht es bei dieser Form des Gebens darum, anderen Menschen das bereitwillig zu schenken, was man selbst gerne hätte. Dadurch kann es ein effektives Heilmittel sein. Also entschied ich, mich aufzuraffen und einem einsamen Menschen da draußen dabei zu helfen, sich nicht mehr so einsam zu fühlen. In einer Großstadt wie München sollten sich ja wohl genügend Gelegenheiten dafür bieten. Nur – wo findet man so jemanden? Es läuft ja niemand mit einem Schild um den Hals herum: »Bin einsam – hilf mir!« Für mich war an diesem Tag aber klar, dass ich wirklich einem Menschen persönlich begegnen sollte. Nicht in einer großen Stadt zu leben, braucht aber nicht gleich die erste Ausreden deines Egos zu sein, um diese Methode nicht auch selbst auszuprobieren. Dafür gibt es ja zum Beispiel auch zahlreiche Internetforen, wo du Menschen findest, die sich durch und durch einsam und verzweifelt fühlen. Aber achte unbedingt darauf, dass du den anderen nicht dafür benutzt, um selbst Mitleid zu bekommen! Gib dich deiner Aufgabe hin und entscheide dich dafür, deine Bedürftigkeit an hinterste Stelle zu setzen und einfach voll und ganz für den anderen da zu sein, sonst funktioniert es nicht. Dann könntet ihr euch zwar mit mehreren zusammentun und euch gegenseitig vorjammern, wie furchtbar das alles ist. Aber von Heilung könnte dann keine Rede sein, im Gegenteil. Mit Jammern nährst du dein Thema nur, anstatt es loszulassen (Anmerkung: Viele wollen ihr Thema tatsächlich auch gar nicht loslassen! Denn sie meinen, dass sie keine Aufmerksamkeit mehr bekommen, wenn sie nicht jammern. Und darum geht es dabei.)

Zurück zu meinem Elend am Sonntagnachmittag. Da ich in der Nähe eines Krankenhauses wohne, hielt ich es für eine gute Idee, dort jemanden zu besuchen, der normalerweise keinen Besuch bekommt. Ich stapfte los (mich immer noch seeeeeeehr einsam fühlend), besorgte eine Blume und ging geradewegs zur Rezeption, wild entschlossen, meine Aufmerksamkeit und mein Mitgefühl ganz einem anderen Menschen zu widmen, anstatt meinem Ego-Geseiere noch weiter zuzuhören. Leider ist es aber in einem Krankenhaus nicht gestattet, einfach jede gebewillige Fremde in Krankenzimmer zu lassen. Das fand ich schade, es leuchtete mir aber durchaus ein. Immerhin wollte ich ja niemanden »zwangsbeglücken«, geschweige denn erschrecken oder überrumpeln, sondern nur anderen eine Freude machen. Also traf ich wieder eine Entscheidung: Noch bevor ich an meiner Haustüre wäre, würde ich einem Menschen begegnen, dem ich eine Freude machen könnte. Das Leben nahm mich wörtlich. So kam mir erst ca. 30 Meter vor meiner Wohnung eine ältere Frau, die sich auf einen Rollator stützte, entgegen. Kurzerhand hielt ich ihr mit einem Lächeln die Blume hin und sagte: »Hier, Bitteschön, die schenke ich Ihnen!« Sie war erst völlig verdutzt, so viel Freundlichkeit schien sie nicht gewohnt zu sein. Dann aber strahlte sie. »Also so etwas, das gibt es ja gar nicht! Vielen, vielen Dank!« Und jetzt ging es erst richtig los! Ich glaube, dass ich mit ihr weit über eine halbe Stunde an der Ampel gestanden habe, wo ich sie getroffen hatte. Sie redete ohne Punkt und Komma. Es war offensichtlich, dass sie sonst niemanden zum Unterhalten hatte. Außer ihrer Putzfrau vielleicht, die sie kurz erwähnte. Ich stand da und hörte ihr aufmerksam zu. Ohne selbst groß etwas zu dem Gespräch beizutragen. Die meisten Menschen hören oft nur zu, um selbst zu Wort zu kommen. Es lohnt sich sehr, das wahre Zuhören dann und wann zu üben! Am Ende des Gesprächs – oder besser gesagt: des langen Monologs – bot ich ihr an, ihr bei Bedarf die schweren Einkäufe in die Wohnung zu tragen. Sie wohnte, wie sich herausstellte, nicht weit von mir entfernt, und so gab ich ihr meine Karte. Die Frau hat sich nie wieder bei mir gemeldet. Vielleicht war es ihr dann doch zu suspekt, dass eine Fremde »einfach so« so etwas anbietet. Aktenzeichen XY warnt ja immer vor Menschen wie mir – zu viel Freundlichkeit wirkt auf die meisten einfach dubios. Insofern braucht es einen nicht zu wundern, dass sie nichts mehr von sich hören ließ. Das spielt aber für meine Geschichte, meine ursprüngliche Intention keine Rolle. Ich war zu diesem Zeitpunkt nämlich: glücklich. Ja, tatsächlich! Indem ich ihr meine volle Aufmerksamkeit und meine Zeit geschenkt hatte, war ich selbst glücklich geworden! Nichts mehr von wegen »Huhuhuuuu, ich fühle mich so einsam! Keiner ist für mich da, ich bin ganz allein!« Das Ego war verstummt. Und mein Herz war voller Glück. Einfach so. Indem ich das gegeben hatte, was ich mir in meinem Drama selbst gewünscht hatte.

Das hätte so niemals stattgefunden, wäre ich, im Selbstmitleid badend, auf meinem Bett liegengeblieben. Wenn wir das geben, was wir uns selbst am meisten wünschen, dann wird unser Herz erfüllt. So einfach ist das. Ja, genau, so einfach ist das. Nein, nicht nur bei mir. Das wäre auch so bei dir – ob das deinem Ego nun gerade passt oder nicht.

Freiheit durch Miteinander

Falls du dich für Astrologie interessieren solltest, dann ahnst du vielleicht, was es bedeutet, eine Wassermann-Frau zu sein. Freiheit ist ein riesen Thema für mich in meinem Leben. Wenn ich nur daran denke, wie viele Jahre meines Lebens ich damit zugebracht habe, um meine Freiheit zu kämpfen! Auf jede nur erdenkliche Art. Bis ich eines schönen Tages bei einem Glas Rotwein auf der Couch eine kleine Erleuchtung hatte. Ich war mein Leben lang einem großen Irrtum erlegen, der da lautete: Für deine Freiheit musst du kämpfen! Was für ein Unsinn! Ich war immer schon frei gewesen. Und nichts und niemand würde daran jemals etwas ändern können (gemeint ist natürlich die innere Freiheit). Allerdings sollte es auch nach dieser – mich im Kern erschütternden – Erkenntnis noch Jahre dauern, bis ich in meinem Verstehen weiter vordrang.

In dem Bestreben, frei zu sein, wählen Menschen oftmals die dunkle, erdrückende Variante der gefühlten Einsamkeit. Damit begeben sie sich in eine illusorische Isolation, um ihre scheinbare (weil nicht echte) Unabhängigkeit behalten zu können. Um den Schmerz zu vermeiden, den sie befürchten, wenn sie in Interaktion mit anderen treten. Um etwas Besonderes zu sein und etwas zum Jammern zu haben. Die Gründe sind vielfältig. Wenn du dich gerade sehr einsam fühlst und meine klaren+ Worte dich verletzen, dann kannst du dir sicher sein, dass sie einen wunden Punkt treffen, also genau ins Schwarze. Auch wenn dein Ego das nicht wahrhaben will. Es kann ja nicht angehen, dass hier jemand behauptet, deine Einsamkeit hättest allein du zu verantworten! Es gibt 100 Gründe dafür, und an keinem von ihnen bist du selbst schuld! Das stimmt. Denn Schuld ist ein Konzept, aber kein haltbares. Es geht hier darum, Verantwortung für das eigene Leben zu übernehmen. Hier und jetzt. Auch wenn andere dich verletzt haben sollten, dann bist du diejenige in diesem Moment, die an dieser Variante der Geschichte festhält – wie gemein das alles war und wie unverantwortlich und wie grausam. Durch dieses Festhalten an Verurteilungen sorgst du dafür, dass das Vergangene Raum bekommt in deiner Gegenwart und dass du jetzt auch noch darunter leidest, obwohl es lange schon vorbei ist. Glaub mir, ich weiß, wovon ich rede! Hier schreibt kein Pseudo-Li-, La-, Launebär, dem nie etwas Ungutes widerfahren wäre. Ich kann dir aber sagen: Es ist immens befreiend, Frieden, echten Frieden mit der Vergangenheit zu schließen. Menschen zu vergeben, die dich sehr verletzt haben. Zu erkennen, was der eigene Anteil daran war und warum es dir in diesem Leben widerfahren ist. Mir hat all das sehr geholfen und tut es immer noch. Ich bin wesentlich lieber glücklich, als dauernd nur im Recht zu sein mit meiner Sichtweise, wie schlimm das alles war und wie unverzeihlich. Erst wenn du all diesen Schmerz losgelassen hast, hast du die Chance, wirklich frei zu sein!

Denn wahre Freiheit entsteht in dem Moment, in dem ich mich auf andere Menschen einlasse. Es scheint paradox, doch es ist so. Jahrelang habe ich, bildlich gesprochen, Ausschlag bekommen, wenn ich bei den Engelkarten »Verpflichte dich!« gezogen habe (und das kam oft vor!). Ich wollte alles – mich dabei (um dies zu erreichen) aber bloß nicht wirklich auf etwas einlassen. Schon gar nicht tief und rückhaltlos auf andere Menschen. Ich wollte viel lieber frei sein. Und habe mich damit in die Einsamkeit gedrängt, wieder und wieder.

Freiheit, das ist, sich einzulassen auf andere Menschen, voller Vertrauen. Freiheit, das ist, sich des Risikos bewusst zu sein, wieder enttäuscht oder verletzt werden zu können – und es trotzdem mit einem Lächeln zu versuchen. Freiheit ist, sich seiner Einsamkeit zu stellen – und sie gegen Offenheit zu tauschen. Denn erst durch das Eintauchen in die Gemeinschaft, in die echte Verbundenheit, können wir heilen. Der Weg zum Erleuchteten, der niemanden mehr braucht, sondern nur noch dienen möchte (ernsthaft anderen, nicht dem Ego), führt über das Sich-Einlassen, das Sich-Hingeben, die Gemeinschaft. Beziehungen sind es, die uns dabei helfen zu heilen. Wer sich nur abschottet, schont sich davor, sich mit seinen Wunden zu beschäftigen. Aber er heilt sie nicht. Über kurz oder lang aber wird kein Weg an der Heilung vorbeiführen. Zum Glück! Leben, das bedeutet nicht, sich einzuigeln und darauf zu hoffen, dass nie mehr etwas Schlimmes geschieht. Leben, das bedeutet, das volle Paket

zu nehmen! Mit Spannung und Vorfreude auf den nächsten Tag das Hier und Jetzt voll zu genießen! Und zu lernen, mit Enttäuschungen, Streit und Ablehnung umzugehen. Indem du lernst, alles, was du erlebst, als vergänglich zu erkennen und ihm mit Gleichmut zu begegnen. Das mag im großen Schmerz unmöglich scheinen. Doch du kannst deinen Geist darauf trainieren. Indem du ihn schärfst, ihn das Beobachten lehrst, ohne zu bewerten. Eine enorme Herausforderung, ja. Doch scheint nicht auch für jemanden, der bislang nur auf der Couch lag, das Meistern eines Marathons unter 3:30 Stunden unmöglich? Und doch, es geht. Denn letztlich entspringt alles dir selbst. Auch die Kraft, der Mut, die Ausdauer und die Liebe zu dir selbst, die dich auf deinem Weg zu dir selbst tragen. Hin zu deiner Wahrheit, zu deinem Glück und zu deiner Verbundenheit. Ein Leben, das dich erfüllt, weil es gemeinsam ist statt einsam. Ein Leben, in dem du fühlen und erleben kannst, was es bedeutet, ein unentbehrlicher Teil eines großen Ganzen zu sein, ohne der Hybris zu verfallen. Das wünsche ich dir. Doch ich kann diesen Weg nicht für dich gehen. Das kannst nur du selbst.

Also: Willst du weiter recht haben mit deiner Sicht auf die Vergangenheit, auf dein Menschenbild? Oder willst du endlich wieder leben, voll und ganz, mit jeder Faser und jeder Pore das Pure, das Reine, das Fröhliche, das Lebendige atmen?

Es ist: deine Entscheidung.

Du weißt nicht, wie? Egal. Entscheide dich einfach dafür, und sage: »Egal wie! Aber es wird so geschehen!«

Gemeinsam statt einsam

Nachwort

Was brauchst du noch? Oder besser gesagt: Was glaubst du, noch zu brauchen?

Was hält dich davon ab, jetzt, genau jetzt, dieses Buch zur Seite zu legen und an deiner ungeliebten, einsamen Situation etwas zu ändern?

Solltest du dich bis jetzt nicht dazu durchgerungen haben, lebensverändernde Entscheidungen zu treffen, dann halte einen Moment lang inne und frage dich: »Was habe ich davon, einsam zu sein? Welchen Gewinn verspreche ich mir davon, in meiner Einsamkeit festzustecken?« Klingt komisch, ist aber so. Wenn wir an einer ungeliebten Situation krampfhaft festhalten, dann in aller Regel nur, weil wir uns davon etwas Positives erhoffen. Dieses Positive kann auch das Vermeiden von angeblich schmerzhaften Erfahrungen sein. Überprüfe also genau deine Glaubenssätze, deine tiefsten Überzeugungen! Was dafür sorgen könnte, dass du an deiner Einsamkeit festhältst, könnten Gedanken wie die folgenden sein:

- Keiner liebt mich! (Und du willst Recht behalten)
- Ich bin ganz allein auf dieser Welt! (Und du blendest sieben Milliarden Menschen aus und willst recht behalten.)
- Keiner versteht mich! (Verstehst du dich denn selbst und wie du dich gerade verhältst?)
- Menschen sind grausam! (Ist es nicht grausam, wie du pauschal über alle Menschen urteilst?)
- Ich will nicht wieder verletzt werden! (Tust du dir nicht selbst schon so lange weh, indem du in der inneren und/oder äußeren Isolation bleibst und darunter leidest?)
- Ich habe keine Lust, neue Menschen zu treffen. (Worüber genau beklagst du dich dann? Wenn du das wirklich nicht willst und das nicht tust, dann sollte doch alles in Ordnung sein. Was macht dir dann wirklich zu schaffen?)
- Andere sollen auf mich zukommen! (Vielleicht strahlst du ja so viel Ablehnung aus, dass sich niemand traut, auf dich zuzukommen. Solltest du vielleicht mehr Offenheit zeigen, um deinem Ziel, der Gemeinsamkeit, näher zu kommen?)
- Ich kann das alles nicht! (Dann entscheide dich, es zu lernen!)

- Ich habe es nicht verdient, glücklich zu sein. (Bei diesem Gedanken empfehle ich dir dringend, dich mit dem Thema Schuldgefühle und Vergebung zu beschäftigen. Denn Menschen, die glauben (!), sie hätten viel Schuld auf sich geladen, verbieten es sich meist, unbewusst, glücklich sein zu dürfen.)

Diese Liste kann beliebig lang fortgesetzt werden. Letztlich kannst du dir aber sicher sein, dass alles nur Ausreden sind, um genau an der Stelle zu bleiben, wo du jetzt bist (siehe das Komfortzonen-Bullshit-Bingo auf Seite 49). Ich sage nicht, dass ich dir nicht glauben würde, dass du leidest. Ich sage nur, dass es allein in deiner Macht und Verantwortung liegt, das zu ändern. Löse deine Themen, und du kannst Wunder am laufenden Band erwarten! Wenn du das nicht möchtest, dann ist das natürlich auch in Ordnung.

Wir Menschen finden uns selbst in der Gemeinschaft. Es sind die anderen, in denen wir uns erkennen können. Versperren wir uns dem Kontakt zu anderen, versperren wir uns vor uns selbst. Wir glauben, uns von anderen, die uns verletzen könnten, fernzuhalten, und halten uns in Wahrheit von uns selbst und einem erfüllten Leben fern. Und damit vor unserer Selbst-Erkenntnis, unserer Selbst-Findung und unserer Selbst-Verwirklichung.

Entscheide dich! Entscheide dich dafür, wieder in die Gemeinschaft zurückzukehren! Entscheide dich dafür, alten Schmerz und Vorurteile sowie auch dein Rechthaber-Ego in dir loszulassen! Das alles hat dich nicht glücklich gemacht. Es ist also an der Zeit, es anders zu versuchen. Geh in deine Eigenverantwortung! Lass deine Rolle des Opfers, des/der Ohnmächtigen, des/der Machtlosen los! Und mache jetzt, wirklich jetzt, den ersten Schritt! Wenn du dieses Buch nun schließt, es in den Schrank stellst und keine Entscheidung für eine Veränderung triffst, wenn du deinen frommen Wünschen keine Taten folgen lässt, dann kannst du noch so viele Bücher lesen – es wird dir nichts nutzen. Die Macht, dein Leben zu verändern, von der Einsamkeit zurück in die Gemeinschaft zu gelangen, liegt in deinen Händen.

Wir alle warten auf dich!
Bist du bereit dazu, vom Alleinsein ins
All-eins-Sein zurückzukehren?

Dann komm nach Hause, komm in die Gemeinsamkeit!
Die Türen stehen offen für dich.

Danksagung

Es war mir eine Herzensfreude, dieses Buch schreiben zu dürfen. Für die Anregung zu diesem Thema danke ich meiner Verlegerin Heidi Schirner. Sie lag mit der Idee, ich könnte etwas zum Thema Einsamkeit schreiben, goldrichtig.

Auch danke ich Chuck Spezzano und Jeff Allen für ihre wunderbare Arbeit im Rahmen der Psychology of Vision, die immer wieder dafür sorgt, dass ich große und kleine Aha-Erlebnisse habe, dank derer ich mich dann für eine Veränderung entscheiden kann.

Und ich danke all den Menschen, die mich durch ihre Rollen als Verletzende in meinem Leben dazu gebracht haben, mich schlussendlich mit meinen eigenen Wunden zu beschäftigen, die längst schon da waren, als ich diesen »Arsch-Engeln« (wie Robert Betz sie so treffend nennt) begegnete. Ja, ihr seid alle in Wahrheit Engel, die mir den Weg nach Hause, zu mir zurück weisen. Es tut mir leid, wenn ich euch wieder und wieder angeklagt habe – und es vielleicht bei dem einen oder anderen heute auch immer wieder noch tue. Bitte verzeiht mir. Ich liebe euch. Danke.

Alles (ist) Liebe.

Deine Silvia Maria Engl